GW01606128

LA FONDAZIONE MARGUERITE E AIMÉ MAEGHT

MAEGHT ÉDITEUR

Introduzione

Un paesaggio di sogni ravvivato dalla luce del Sud. E nel cuore di questo paesaggio, protetto dagli assalti del mondo, un luogo di vita e di serenità. Un luogo «abitato» — parola che si riscontra spesso nei commenti dei visitatori — i cui oggetti benchè inanimati, colmano lo spazio della loro essenza. Eppure, più d'un quarto di secolo è trascorso dall'inaugurazione della Fondazione Marguerite e Aimé Maeght, e ogni anno intenditori e curiosi venuti dai cinque continenti, si affollano numerosi. Come non evocare i grandi sostenimenti intellettuali e finanziari che si sono dovuti stanziare, affinchè il progetto, che all'origine non era che una chimera, divenisse realtà, di cui tutti oggi si accordano a riconoscerne l'indispensabile presenza.

In primo luogo, desidero naturalmente esprimere la mia riconoscenza ai miei genitori, senza i quali il progetto non avrebbe mai visto la luce. Inoltre, nel contesto degli anni sessanta, non bisogna sottovalutare il rischio di una tale avventura. Il divorzio tra arte contemporanea e pubblico, è bene ricordarlo, era molto frequente a quell'epoca, e i musei, non conoscevano la voga di oggi, soprattutto all'occasione di mostre prestigiose. Anno dopo anno, il ruolo della Fondazione ha largamente contribuito a modificare lo sguardo dei contemporanei sull'arte del loro tempo. In fondo si potrebbe dire che l'evidenza stessa del luogo ha reso anche le opere più evidenti, quasi per rassicurare, con la loro credibilità, un pubblico perplesso. E questo tanto più che il museo tradizionale, luogo dal quale molte persone si sentono escluse, luogo fermo nel tempo, avulso dalla vita, non trovava alcun riscontro nel progetto della Fondazione: spazio accogliente e pieno di vita, adibito per le mostre ma anche aperto alle altre arti, agli scambi interdisciplinari, ai convegni di ogni genere e dove giovani creatori potevano incontrare artisti già rinomati. Luogo pubblico e alla disposizione del pubblico, la Fondazione è in effetti, sin dalla sua origine, un centro d'artisti che amano ritrovarsi e confrontarsi mostrando le loro opere. Durante il loro soggiorno gli artisti, nella tranquillità degli atelier si sentono a loro agio e possono produrre in piena libertà.

Vorrei inoltre esprimere la mia profonda gratitudine agli artisti, i quali non solamente, sin dall'inizio, si sono perfettamente sintonizzati al progetto della Fondazione, ma anzi lo hanno adottato al punto di collaborarvi con entusiasmo ad ogni stadio della sua realizzazione, facendo dono delle loro opere, che hanno costituito e poi arricchito le sue collezioni. Questa profonda sintonia che ha unito, verso la mèta della Bellezza, un venditore di quadri, alcuni artisti, dei grandi poeti e più tardi dei collezionisti, desiderosi anche loro di aiutare la Fondazione con i loro doni, per non dimenticare i numerosi «Amici» pronti a raggiungerli e tutti i collaboratori che non hanno risparmiato sacrifici e tempo per farla vivere, è, senza dubbio, l'elemento che meglio definisce la specificità di questa avventura nel suo aspetto più profondo e commovente. Inoltre occorreva dotare la Fondazione di statuti che le permettessero di assicurarne l'autonomia e la piena indipendenza: anche su questo aspetto i miei genitori sono stati vigili, essendo il solo museo in Francia a funzionare e svilupparsi senza alcuna sovvenzione.

In tempi in cui la logica economica predomina su tutte le altre motivazioni (il mecenatismo alla moda, per esempio, non nasconde forse una preoccupazione di redditività ?), non mi è sembrato inutile ricordare, senza voler fare della sua storia una leggenda, come è nata, grazie all'iniziativa appassionata di un uomo, la Fondazione Marguerite et Aimé Maeght, come essa vive e ritracciarne il persorso.

Adrien Maeght
Presidente della Fondazione
Marguerite et Aimé Maeght

MARGUERITE E AIMÉ MAEGHT

«Il progetto della Fondazione, quale è realizzato oggi, va oltre quello che lo stesso Aimé Maeght aveva potuto concepire in un primo momento, quando ritiratosi a Saint-Paul, scosso da un profondo lutto, decise, seguendo i consigli di Braque e Léger, d'intraprendere qualcosa che andasse al di là dei suoi stessi progetti.»

Henry Maldiney, *Derrière Le Miroir* n° 148, luglio 1964.

Il 28 luglio 1964, André Malraux, allora ministro dei Beni Culturali, riceve dalle mani delle nipotine di Marguerite e Aimé Maeght, Isabelle, Florence e Yoyo, su un cuscino rosso, le chiavi della Fondazione Maeght. La Fondazione è il primo «museo» d'arte moderna costruito in Francia dal 1936, anno della creazione del Musée d'Art Moderne de la Ville de Paris. In verità, più che un museo, è un luogo aperto a tutte le forme d'arte contemporanea.

Questa iniziativa è stata intrapresa da Marguerite e Aimé Maeght, che insieme condividevano una stessa passione per l'arte contemporanea. La sua struttura architettonica, non rapprensenta soltanto la testimonianza del successo di un venditore di quadri, ma come dichiarò all'epoca André Malraux: «Il tentativo di creare istintivamente e per amore, un universo nel quale l'arte contemporanea avrebbe potuto trovare il luogo adatto e allo stesso tempo quell'aspetto recondito, anticamente chiamato soprannaturale [1]».

Marguerite e Aimé Maeght avevano progettato l'elevazione delle mura della Fondazione sul fianco soleggiato d'un dirupo del Sud. Ma questo accorgimento sarebbe stato insufficiente senza la presenza degli artisti e la collaborazione d'un architetto, Josep Lluis Sert.

Il progetto, a lungo maturato, nel realizzarsi ha rilevato tutta la passione dei due coniugi per i luoghi ''acclimatati''. Marguerite e Aimé Maeght hanno saputo infatti inventare quei ''luoghi'' propizi alla tranquillità, alla fiducia, all'invito all'arte. La Fondazione Maeght è nata proprio da questo chiaro rapporto di fiducia con il mondo. Ed è anche l'impronta di un percorso eccezionale di un uomo e di una donna.

◀ *Marguerite e Aimé Maeght in casa Braque, a Varengeville, nel 1952.*

L'atelier della Scuola delle Belle Arti di Nîmes.
Il segno 'x' indica il posto d'Aimé Maeght.

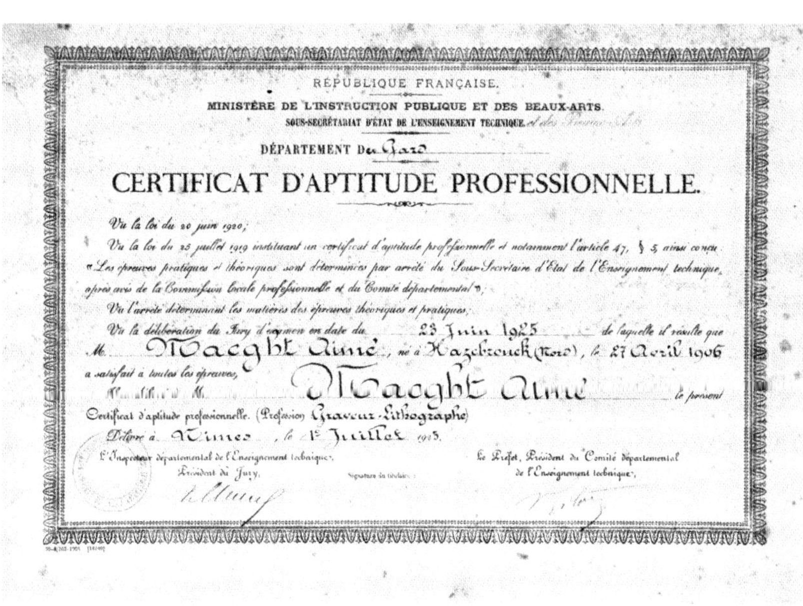

RÉPUBLIQUE FRANÇAISE.

MINISTÈRE DE L'INSTRUCTION PUBLIQUE ET DES BEAUX-ARTS.

SOUS-SECRÉTARIAT D'ÉTAT DE L'ENSEIGNEMENT TECHNIQUE.

DÉPARTEMENT Du Gard

CERTIFICAT D'APTITUDE PROFESSIONNELLE.

Vu la loi du 20 juin 1920;

Vu la loi du 25 juillet 1919 instituant un certificat d'aptitude professionnelle et notamment l'article 47, § 5, ainsi conçu «Les épreuves pratiques et théoriques sont déterminées par arrêté du Sous-Secrétaire d'État de l'Enseignement technique, après avis de la Commission locale professionnelle et du Comité départemental»;

Vu l'arrêté déterminant les matières des épreuves théoriques et pratiques;

Vu la délibération du Jury d'examen en date du 23 Juin 1925 de laquelle il résulte que M. Maeght Aimé, né à Hazebrouck (Nord), le 27 Avril 1906 a satisfait à toutes les épreuves,

Maeght Aimé le présent Certificat d'aptitude professionnelle. (Profession Graveur-Lithographe)

Délivré à Nîmes, le 1er Juillet 1925.

L'Inspecteur départemental de l'Enseignement technique, Président du Jury,

Signature du titulaire :

Le Préfet, Président du Comité départemental de l'Enseignement technique,

Le *C.A.P.* (diploma di scuola professionale),
l'unico diploma ottenuto da Aimé Maeght e che deciderà del suo avvenire.

Aimé Maeght alla fine dei suoi studi alle scuola tecnica di Nîmes.

Nato il 27 aprile del 1906 a Hazebrouck (nel Nord), figlio di un impiegato alle Ferrovie dello Stato, Aimé Maeght trascorre la sua infanzia, vicino alla città di Nîmes, nel Sud ''cévenol'', dove sua madre, vedova di guerra, era stata rimpatriata dalla Croce Rossa.

Marguerite Devaye, la figlia più giovane di una famiglia di negozianti, nasce il 25 agosto del 1909, a Cannes (nelle Alpi Marittime).

Orfano di guerra, Aimé Maeght entra come pensionario alla scuola tecnica di Nîmes, s'interessa alla lettura, al disegno, alla musica. Da suo nonno, del quale serba una grande ammirazione, acquisisce le prime nozioni di violino e più tardi crea, insieme a degli amici, un'orchestra di amatori di jazz, Le Banana's King Jazz. Suona con disinvoltura il violino, il banjo e la batteria e fa danzare i giovani della sua regione. Terminando la sua

Marguerite e Aimé Maeght, il giorno del loro matrimonio, il 31 luglio 1928.

formazione all' Istituto tecnico di Nîmes, ottiene il diploma di disegnatore-litografo.

Poco tempo dopo, si stabilisce a Cannes e lavora nella tipografia Robaudy, dove è presto notato per le sue capacità. Aimé Maeght, al quale si confidano diverse opere da riprodurre, esegue con disinvoltura gesti di riporto, traccia all'inverso, sui calchi, la forma che si dovrà posare sulla pietra o sulla piastra. Aimé Maeght eccelle soprattutto come cromista, rivelando un innato senso del colore.

In questo stesso periodo incontra colei che diverrà più tardi Marguerite Maeght e che sposerà il 31 luglio 1928. Nel 1930 nasce Adrien Maeght. Lo stesso anno i coniugi creano l'Imprimerie des Arts, che funzionerà fino al 1946.

Nel 1936, parallelamente al suo lavoro da Robaudy, Aimé Maeght apre un negozio di mobili e radio Clarville, nella rue des Belges, a Cannes. Nel

Aimé Maeght e Pierre Bonnard, nel 1943, a Cannes.

retro bottega, continua a esercitare il suo mestiere di litografo, creando nuove sigle, confezionamenti e manifesti. Incontra a quell'epoca, nella tipografia Robaudy, Pierre Bonnard, il quale voleva stampare una affiche per il gala di carità di Maurice Chevalier, organizzato dalla Croce Rossa in onore degli artisti di Ris-Orangis. Bonnard si feliciterà con Aimé Maeght, per le sue eccellenti impaginature e per il gioco dei colori: «Si vede, gli dirà l'artista, che lei ha appreso la cromolitografia per riuscire ad accordare questo beige e questo rosso con il color carne.» Marguerite Maeght, invece, decora i muri del suo negozio con alcuni quadri. Paradossalmente, la Costa Azzurra, durante la guerra, è divenuta il nuovo polo economico e intellettuale della Francia vinta, e la regione diviene teatro d'una effervescenza fino ad allora sconosciuta.

Il negozio, purtroppo, a causa della mancanza di rifornimenti di manufatti, resta vuoto. Solo i quadri ornano i muri e si vendono!

Progressivamente il negozio si trasforma in galleria di pittura, dove sono esposte le opere di artisti regionali, come Pastour e Jaulme. Aimé Maeght continua ad attirare nella sua galleria Pougny, Jean-Gabriel Domergues, Sébastien, André Marchand, Dany Lartigue... La galleria prende il nome di «Arte».

Quando Aimé è mobilitato a Toulon, Marguerite Maeght contatta Pierre Bonnard stabilitosi nella regione del Cannet. Ricorderà sempre l'aneddoto del loro primo incontro, poiché Marguerite, non valutando bene

La galleria Arte, rue des Belges, a Cannes.

l'importanza del pittore, non dubita un solo istante di ottenere una sua tela, facendogli notare, di primo acchito, che i prezzi da lui praticati erano assolutamente irragionevoli. Non vende forse delle tele di Pastour ? Bonnard, divertito, le lascia comunque un quadro, mantenendo il suo prezzo. Appena posto in vetrina — alla grande sorpresa d'Aimé Maeght che rientrava da Toulon — il quadro è venduto. Attraverso la pittura si sviluppa tra i due una sincera amicizia, animata da lunghe discussioni sull'arte contemporanea.

Nel 1942, la famiglia diventa più numerosa con la nascita d'un secondo figlio, Bernard. L'anno seguente, Marguerite e Aimé Maeght fanno la conoscenza, grazie ancora a Pierre Bonnard, d'Henri Matisse che abita a Vence, ad un centinaio di metri di distanza dalla loro abitazione. Nel 1944, in collaborazione con Jacques Kober, vedono la luce le Edizioni Pierre à Feu. Aimé Maeght pubblica i primi libri della collezione che porta lo stesso nome, *Provence noire* illustrata da André Marchand e *Miroirs profonds* da Henri Matisse.

André *Chastel, «Ritratto di Marguerite Maeght e dei suoi figli», 1942, olio su tela, 97 × 130 cm.*

Cartoncino d'invito di Henri Matisse, per la mostra inaugurale della galleria Maeght a Parigi, nel 1945.

Alla Liberazione, Aimé Maeght stringe delle buone relazioni professionali. Bonnard lo consiglia di stabilirsi a Parigi e l'accompagna nel suo primo viaggio di ricognizione. La fortuna favorisce Aimé Maeght. Infatti, André Schœller, uno degli esperti d'arte più importanti di Parigi, decide di vendere la sua galleria situata in rue de Téhéran, nell'ottava circoscrizione di Parigi. Bonnard spinge allora Aimé Maeght ad acquistare la galleria. Matisse, che all'epoca non ha più un venditore accreditato, lo incoraggia promettendogli, per la prima esposizione, le sue opere più recenti.

La galleria Maeght è inaugurata, in ottobre 1945, con le opere più recenti di Matisse. Inizia cosí un'intensa attività artistica che si svilupperà in tutti i campi, associando artisti e scrittori. Il libro e l'incisione sono per

Alberto Giacometti, «Ritratto d'Aimé Maeght», 1960, ▶ matita su carta, 47,5 × 31 cm.

Alberto Giacometti

Henri Matisse, «Ritratto di Marguerite Maeght», 1947, ▶
carboncino, 61 × 47 cm.

Aimé Maeght dei supporti espressivi essenziali e ne segue personalmente le realizzazioni, inventando soluzioni tecniche inedite, per adattarle ai problemi posti da artisti e scrittori.

Nel 1946, nasce *Derrière Le Miroir*, che avrà una grande notorietà. Ormai ai piccoli cataloghi delle mostre si sostituisce la rivista in gran formato — illustrata con litografie originali e con testi di poeti, scrittori, filosofi e critici. La stamperia delle Arti a Cannes chiude. La tipografia è affidata allora alla stamperia Union o a Féquet et Baudier, la litografia all'atelier Fernand Mourlot, situato a Parigi.

Nel luglio 1947, la galleria Maeght organizza, con la collaborazione d'André Breton e Marcel Duchamp, la *Seconde Exposition Internationale du Surréalisme*, il cui successo senza precedenti, ne assicura al tempo stesso la notorietà.

Aimé Maeght e André Breton, nel 1947.

Lo stesso anno, Aimé Maeght incontra Joan Miró. L'artista cinquantaquattrenne, originario di Barcellona, vive tra Parigi e la Spagna. Per l'Esposizione Universale del 1937, ha eseguito una pittura murale, *Le Faucheur* — presentata accanto alla *Fontaine de mercure* di Calder, *La Montserrat* di Julio Gonzales, *Guernica* di Picasso — per il Padiglione della Repubblica spagnola, il cui architetto Josep Lluis Sert, è uno dei suoi amici. Miró entra a far parte della galleria nel 1948 e raggiunge Georges Braque, Fernand Léger; seguiranno Bram Van Velde, Marc Chagall, Alexander Calder, Raoul Ubac.

Le attività editoriali diventano sempre più importanti. Vengono pubblicati numerosi libri di bibliofilia. Aimé e Marguerite Maeght acquistano una proprietà a Saint-Paul. Nel 1951, la galleria presenta i lavori di Wassili Kandisky e di Alberto Giacometti, affermando cosí grandi personalità e rivelando allo stesso tempo dei giovani talenti come Saül

Wassili Kandinsky, «Le Nœud rouge», 1936, olio su tela, 89 × 116 cm.

Steinberg, Pierre Tal-Coat, Pablo Palazuelo, Eduardo Chillida, Ellsworth Kelly, François Fiedler.

Aimé Maeght apre i propri atelier di litografia e d'incisione a Levallois, nella periferia parigina. Raggiungeranno nel 1965 la stamperia Arte, 13, rue Daguerre a Parigi, creata indipendentemente da Adrien Maeght nel 1964. Dopo la costellazione dei grandi maestri, Marguerite e Aimé Maeght espongono, negli anni sessanta, Jean-Paul Riopelle, Antoni Tàpies, Pol Bury, Valerio Adami, Paul Rebeyrolle. Con tutti questi artisti, Marguerite e Aimé Maeght condividono la stessa esigenza di affrontare il rischio e di andare fino in fondo alle proprie idee. Per poter imporre dei giovani artisti, ai quali credono fermamente, non esitano a separarsi da prestigiosi capolavori della loro collezione. Mai dissocieranno l'opera dall'essere umano che l'ha concepita. Gli artisti sono degli amici e fanno parte della famiglia, al punto che nessuno di loro ha mai firmato un contratto.

Georges *Braque, «Les Oiseaux noirs», 1956-1957, olio su tela, 129 × 180 cm.*

54
F.LEGER

◀ *Fernand Léger, «La Partie de campagne» (ultimo stadio), 1954, olio su tela, 301 × 245 cm.*

«Quando ci si intende bene, diceva Marguerite Maeght, un contratto non serve a nulla e quando non ci si intende, non sarà certo questo che faciliterà le cose [2].»

Agli esordi degli anni sessanta, la galleria diviene una delle più importanti gallerie del mondo. È stata battezzata dalle mani di due figure storiche dell'arte del ventesimo secolo: Bonnard e Matisse. Aimé et Maguerite Maeght, solidari, si completano perfettamente nella scelta degli artisti: «Le donne, dirà più tardi Marguerite Maeght, hanno un istinto più pronunciato e sentono il pericolo più facilmente che gli uomini. Credo di

Adrien e Aimé Maeght con Louis-Gabriel Clayeux, nel 1956.

Marguerite Maeght e Marc Chagall.

essere stata utile a mio marito nel senso in cui gli facevo notare l'altra faccia della luna, poiché lui è un entusiasta, un uomo molto ottimista. Io, invece, pur non essendo pessimista, sono più logica.»

La scelta di personalità così diverse come Miró, Braque, Chagall, Tal-Coat, Giacometti, Calder mette in evidenza il rifiuto della galleria di limitarsi ad un solo movimento artistico. Con l'aiuto di Louis-Gabriel Clayeux, direttore della galleria sin dal 1947, Aimé Maeght crea uno spazio aperto, dove parole e immagini sono riuniti in una attività che è all'origine di tutta l'avventura: l'edizione.

CATI CHAMBON

1. Discorso per l'inaugurazione della Fondazione, *Derrière le Miroir*, n° 145, Maeght éditeur, Parigi, 1964.
2. Marguerite Maeght, Pierre Dumayet, *Du côté de Chez les Maeght*, di Jean-Michel Meurice, 1973, ORTF e Maeght produttore.

Pierre Bonnard, *«Jeune fille étendue», 1921, olio su tela, 56 × 61 cm.*

ORIGINE DEL PROGETTO

Alberto Giacometti, Louis-Gabriel Clayeux, Josep Lluis Sert sulla terrazza del Mas Bernard, a Saint-Paul.

«Avevo sei ettari di terreno sulla collina delle Gardettes. Vi ho costruito una casa. Ma quando uno dei miei figli è morto non avevo più voglia di nulla. Per la prima volta nella mia vita, mi sono lasciato andare. Posso dirlo, sono ancora i pittori ad avermi indicato la via da seguire. Georges Braque mi ha incitato ad intraprendere qualcosa che mi aiutasse a colmare il mio dolore, un luogo d'arte moderna, qui dove ora noi siamo, tra il timo e il rosmarino. E Fernand Léger mi ha detto: "Se provi, ti porto le mie imbrattature. Dipingerò anche le rocce" [1]*.»*

Nel 1953, dopo la morte del loro figlio minore, vittima di una leucemia, Marguerite e Aimé Maeght, profondamente turbati, intraprendono, seguendo il consiglio di Fernand Léger, un viaggio negli Stati Uniti. Durante il loro soggiorno visitano le fondazioni americane: Barnes Phillips, Guggenheim. Lentamente si precisa in loro l'idea di creare una fondazione e Aimé Maeght ricordava, in una intervista accordata al quotidiano *Le Monde* nel 1974, che essa rappresentava, più che la realizzazione di un semplice sogno, qualcosa di segreto, al quale teneva molto e che l'ha aiutato a vivere. Auspicava, infatti, di poter riunire la propria collezione e offrire ai suoi amici artisti un luogo dove potessero lavorare insieme e scambiarsi le idee. È stata l'occasione per Aimé Maeght di far opera di creatore. Ancora una volta ha voglia di prendere dei rischi. Si sentiva allo stretto nella sua galleria parigina che contava tra i mille cinquecento e due mila quadri, e nella quale, in ogni caso, poteva mostrarne solamente quaranta o cinquanta alla volta. «Avevo bisogno d'aria e di spazio. Non volevo creare una super galleria in guisa di una fondazione, ma qualcosa d'altro che appartenesse alla comunità e che fosse anche un'impresa indipendente, libera d'agire.»

A quell'epoca, le attività culturali francesi sono concentrate a Parigi, e la scelta di stabilirsi a Saint-Paul è, in effetti, una vera sfida.

A Harvard, Aimé Maeght incontra Josep Lluis Sert. Quest'ultimo, che ha lavorato con Le Corbusier, è divenuto membro nel 1931 del GATCPAC (Gruppo d'Architetti e Tecnici Catalani per il Progresso dell'Architettura Catalana). Questo gruppo d'architetti pubblicava una rivista, *Documento de Actividad Contemporanea* (detta *AC*), la quale proponeva nel suo editoriale una architettura meridionale, quella dei villaggi spagnoli della costa mediterranea, rappresentata dall'architettura dell'isola d'Ibiza, da loro considerata come migliore esempio e modello. Nel 1955, Sert costruisce a Palma di Maiorca l'atelier di Joan Miró, che Aimé Maeght visiterà sin dal 1956, e resterà rapito dalla bellezza del luogo e dall'aspetto

◂ *Aimé Maeght e Georges Braque, nel 1955.*

funzionale dell'edificio. A Harvard, Josep Lluis Sert e Aimé Maeght tracciano insieme le grandi linee d'una ''galleria ideale'' in un luogo unico della Costa Azzurra, in appiombo sul mar Mediterraneo, vicino ai picchi innevati delle Alpi del Sud. La pianta della Fondazione è presto tracciata. Durante tre anni, mentre Josep Lluis Sert succede a Walter Gropius alla testa della facoltà , i due uomini cercano di trasformare la Fondazione in luogo ideale per vedere l'arte nelle migliori condizioni. Tutti e due disapprovano l'idea di un museo chiuso, vasto labirinto nel quale, per poter guardare un'opera, bisogna sfilare davanti a tutte le altre. Josep Lluis Sert difende, tra l'altro, un'architettura adatta al clima, un'architettura mediterranea creata per il sole intenso, l'atmosfera limpida e il paesaggio gradevole. «La nostra arte non può che rispettare i limiti naturali, geografici, eterni [2].»

Concretamente, una piccola cappella in rovina, dedicata a Saint Bernard, ritrovata sul terreno delle Gardettes, a prossimità della proprietà di Marguerite e Aimé Maeght, segna l'inizio del progetto. I coniugi decidono di ricostruirla e farà parte integrante della Fondazione.

Una stretta collaborazione si stabilisce, sin dall'inizio, tra l'architetto e il suo «cliente». Qualche settimana dopo, Aimé Maeght riceve a Saint-Paul i primi abbozzi di Sert. Tutti gli edifici sono disegnati, fin nei minimi dettagli, compresa la cappella. Il primo progetto ritenuto da Marguerite e Aimé Maeght rassomiglia a un villaggio. L'insieme è anti-monumentale, le facciate imponenti sono abbandonate per privilegiare piccoli volumi, come quelli delle abitazioni dei villaggi come Saint-Paul. Questa pianta sarà infine abbandonata per una planimetria ancora più semplice, costituita da due corpi di edifici collegati tra di loro da un atrio. L'impresa è considerevole, piena d'imprevisti; i coniugi prima esitano, poi si lanciano nell'avventura.

1. *Le Monde*, 1974.
2. Discorso pronunciato all'*Association des Elèves de l'Ecole Supérieure d'Architecture* di Barcellona, nel 1934.

Plastico della Fondazione.

PIANTA DELLA FONDAZIONE

GIARDINO

- 1 MOSAICO DI PIERRE TAL-COAT
- 2 «PÉPIN GÉANT» DI JEAN ARP
- 3 «LES RENFORTS», STABILE DI ALEXANDER CALDER
- 4 «LES AMOUREUX», MOSAICO DI MARC CHAGALL
- 5 CAPPELLA SAINT-BERNARD
  a) «VETRATA» DI GEORGES BRAQUE
  b) «LA CROIX ET LE ROSAIRE», VETRATA DI RAOUL UBAC
  c) «VIA CRUCIS», ARDESIA DI RAOUL UBAC
- 6 «SAINT-BERNARD» DI EUGÈNE DODEIGNE
- 7 «FONTAINE» DI POL BURY
- 8 CAFFÈ DELLA FONDAZIONE

CHIOSTRO

- 9 ATRIO
- 10 SALA ALBERTO GIACOMETTI
- 11 SALA WASSILI KANDINSKY
- 12 SALA MARC CHAGALL
- 13 SALA JOAN MIRÓ
  a) VETRATA DI JOAN MIRÓ
- 14 SALA GEORGES BRAQUE
- 15 PATIO
  a) «JEUNE FILLE S'ÉVADANT, BRONZO DIPINTO DI JOAN MIRÓ
- 16 «LES POISSONS», BACINO IN MOSAICO DI GEORGES BRAQUE

CORTILE GIACOMETTI

a) «L'HOMME QUI MARCHE I ET II», BRONZO DIPINTO
b) «GRANDE TÊTE I», BRONZO DIPINTO
c) «GRANDE FEMME DEBOUT», BRONZO DIPINTO

LATO DEL «COMUNE»

- 17 LIBRERIA
- 18 SALA DEL «COMUNE»
- 19 SOTTOSUOLO: SALA PER LE PROIEZIONI
- 20 SECONDO PIANO: SEGRETERIA E ARCHIVI
- 21 TERZO PIANO: TETTO TERRAZZA

LABIRINTO DI MIRÓ

- 22 «CERF-VOLANT»
- 23 «MUR DE LA FONDATION»
- 24 LA TORRE E CERAMICHE MURALI
- 25 «LE LÉZARD»
- 26 BACINO CON «GARGOUILLE»
- 27 «LE GRAND ARC»
- 28 BACINO CON «L'ŒUF DE MAMMOUTH»
- 29 «LA DÉESSE», CERAMICA
- 30 «LE CADRAN SOLAIRE», CERAMICA
- 31 « LA FOURCHE», FERRO E BRONZO
- 32 «OISEAU SOLAIRE», MARMO
- 33 BACINO CON
  a) «PERSONNAGE», TOTEM DI CERAMICA
  b) «FEMME À LA CHEVELURE DÉFAITE», MARMO
- 34 «OISEAU LUNAIRE», MARMO
- 35 BACINO CON «GARGOUILLE» E DUE «PERSONNAGES», CERAMICHE

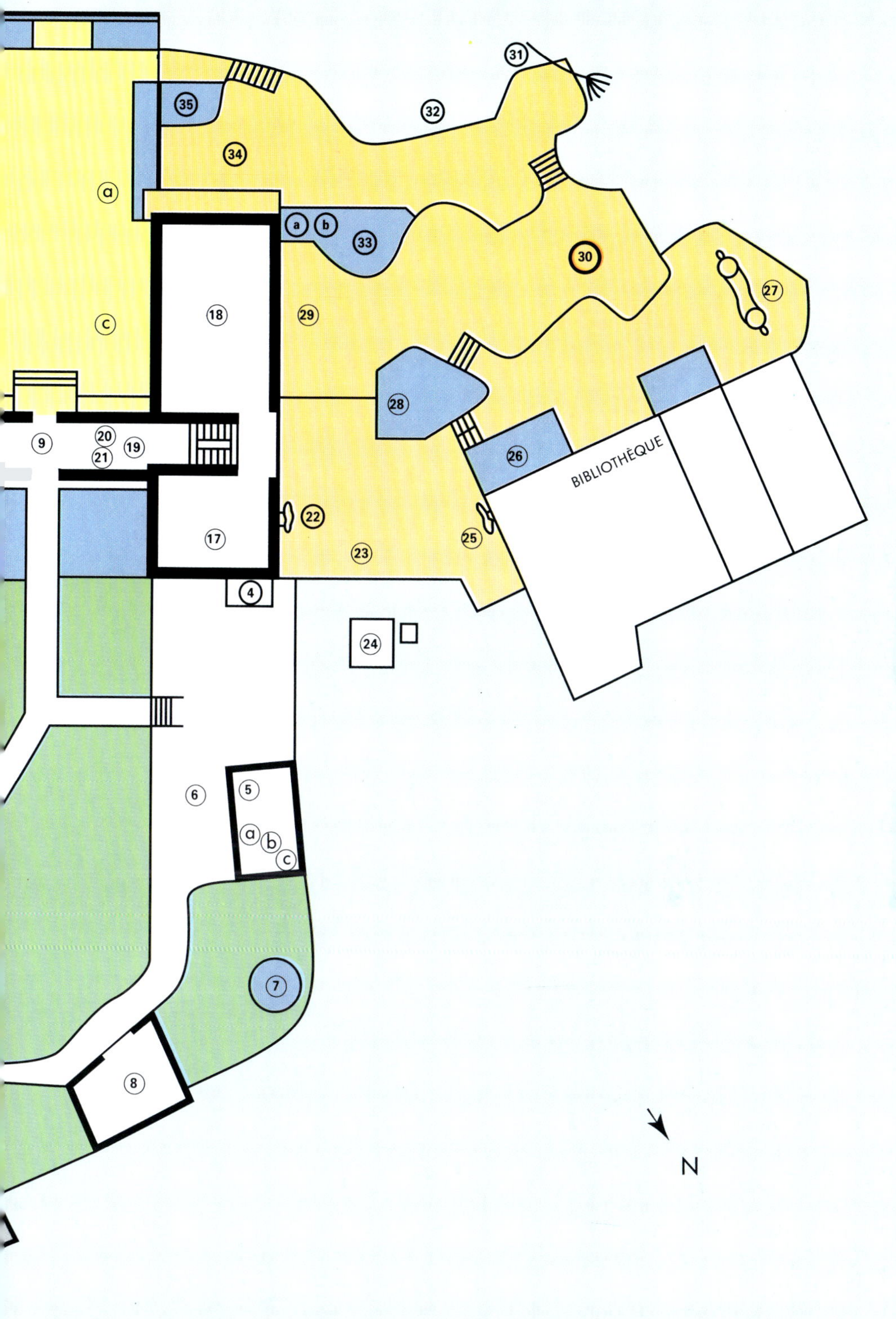

31
32
35
34
a
a
b
33
30
27
18
29
c
28
20
9
19
21
26
BIBLIOTHÈQUE
22
25
17
23
4
24
6
5
a
b
c
7
8
N

«À la Colombe d'or», nel 1962,
all'epoca dell'ultima visita di Braque a Saint-Paul,
Paule Maeght porta un braccialetto di Calder,
Charlie Chaplin, Jacques Prévert, Georges Braque e Mme *Braque.*

LA COSTRUZIONE DELLA FONDAZIONE

Aimé Maeght, Josep Lluis Sert e Marguerite Maeght mentre definiscono l'esatta ubicazione degli edifici.

Prima ancora che Aimé Maeght abbia l'idea di creare una fondazione, Saint-Paul è già un luogo eletto dagli artisti. Questi ultimi si sentono a proprio agio al Mas Bernard, nella proprietà di Marguerite — che i suoi amici soprannominano ormai Guiguite — e d'Aimé Maeght, come a casa di Titine e Paul Roux, i proprietari dell'albergo «La Colombe d'or». Braque vi trascorre, ogni anno, i mesi di gennaio e febbraio creando disegni, bozzetti e schizzi. Anche Joan Miró e la sua famiglia d'estate soggiornano al Mas Bernard, e cosí tre generazioni di Maeght e Miró si ritrovano insieme. L'artista realizza allora litografie e incisioni. Jean Bazaine e Raul Ubac fanno anche loro parte dei frequentatori abituali. Abitudini e affinità si riscontrano tra gli artisti. E presto anche alcuni scrittori li raggiungeranno. René Char verrà qualche volta e più regolarmente Pierre Reverdy. Scriveranno i testi dei cataloghi. Anche Sartre, Paulhan e Prévert sono accolti. Il senso dell'ospitalità di Marguerite e Aimé Maeght è tale che, a Saint-Paul, artisti e scrittori si sentono completamente a proprio agio.

Joan Miró mentre disegna su una lastra di zinco.

Ognuno di loro parteciperà all'edificazione della Fondazione, affinchè il sogno diventi realtà. Aimé Maeght accetta le idee le più svariate, e l'unico limite sarà la possibilità tecnica di realizzarle. Gli artisti della galleria Maeght di Parigi saranno associati al progetto: Georges Braque, Marc Chagall, Joan Miró, Alberto Giacometti, Alexander Calder, Eduardo Chillida, Raoul Ubac, Pierre Tal-Coat, Josep Llorens Artigas...

La prima pietra dell'edificio è posta il 5 settembre 1960. La collaborazione iniziata a Cambridge (USA) prosegue via via che i lavori progrediscono. Due architetti della città di Cannes, Bellini e Lizero dirigono il cantiere. Ogni incontro di Sert con gli artisti è animato da nuove

Inizio dei lavori della Fondazione.

discussioni. Queste conversazioni proseguono sul luogo stesso, dove già si delineano i contorni degli edifici.

All'inizio, sono previste tre fasi di lavori, ripartite nell'arco di dieci anni. Esse si succederanno, in definitiva, senza interruzioni in meno di quattro anni.

Dal momento in cui il terreno è spianato, gli spazi appaiono chiaramente e le fondamenta e mura lasciano intravedere l'architettura mediterranea di Sert. Pranzi e cene sono prolungati con passeggiate intorno al cantiere. Gli imperativi appaiono più chiaramente: bisogna cercare d'integrare al massimo l'edificio al paesaggio naturale, proteggendo

Il cantiere, al centro, tra gli alberi.

quest'ultimo nel miglior dei modi. Le piante e gli alberi già esistenti, in particolare i pini, il rosmarino, la lavanda, appartengono al sito. Bisogna poi trovare le proporzioni ideali. Tutti concordano che un edificio a carattere momumentale sia inadeguato. Lo scopo non è quello di costruire un museo tradizionale, ma di costruire una galleria ideale, che permetta d'esporre le opere con una luce costante, chiara, neutra e naturale. La scelta della luce, uno dei principali problemi, impone una soluzione architettonica. Nel gennaio del 1960, Sert e i suoi allievi costruiscono a Harvard un edificio in compensato, trasformabile e orientabile per studiare la distribuzione della luce. Il risultato è probante. Qualunque sia l'altezza del sole, alle differenti ore del giorno e dell'anno, i raggi luminosi riflessi dal suolo e dai muri arrivano sui quadri a quarantacinque gradi, senza abbagliare lo spettatore. Sert mette quindi a punto un'illuminazione zenitale particolare che verrà adottata in tutte le sale della Fondazione [1].

La topografia ha avuto un ruolo fondamentale nella determinazione dello stile e dell'architettura interna delle sale, dei cortili e dei giardini a

Gli impluvi di cemento sovrastano la costruzione.

«Pièges à lumière» (vista esterna e interna).

terrazza costruiti più tardi. Il pendio con i suoi contorni morbidi ne dettano il movimento e le orientazioni mutevoli. Sale d'esposizione, patio e giardini sono disposti secondo i diversi livelli delle terrazze, sostenute da muretti di pietra, mantenendo cosí il tetto allo stesso livello.

All'inizio, Sert aveva previsto di far costruire le mura di cinta e di sostenimento in cemento grezzo, senza armatura. Vedendo i mattoni e le pietre del paese, decise di cambiare materiale. Preferisce allora la pietra estratta dalla collina. Per l'elevazione delle mura, il mattone servirà da intermediario tra la pietra e il cemento. La fabbrica locale di mattoni delle Clausonnes, ritrova un ritorno d'attività.

«Il mattone, né chiaro, né scuro, spiega l'architetto, d'un color marrone rosato ma variegato dal fuoco, conviene perfettamente alla tranquillità dei corsi. Del resto impiegato in pannelli, tra i pilastri e le travi di cemento, mantiene la realtà del muro, dando corpo all'elevazione della sua facciata.»

I trecento mila mattoni di sabbia rosa utilizzati sono naturalmente modellati a mano, e cotti nel forno di legno secondo la tradizione locale. Hanno avuto come modello quelli della villa Adriana di Tivoli, vicino Roma. Il cemento utilizzato per il resto dell'edificio, ricoperto da uno strato bianco, pellicolare, le ''cocoon'', lascia intravedere il disegno delle armature. I due impluvi a strapiombo sul tetto, realizzati seguendo i principi dell'Alta Antichità, alleggeriscono la costruzione. Servono inoltre a raccogliere l'acqua piovana, che è poi diretta verso i bacini. Aimé Maeght, insisteva molto sulle difficoltà di approvvigionamento d'acqua nel mondo mediterraneo, e amava ricordare che all'origine della Fondazione si trova la parola di Saint Jean de la Croix: «Il perpetuo normorio della fonte».

La Fondazione rapisce cosí il visitatore con la piacevole frescura del suo giardino all'entrata, ricco di profumi di pineta, e che precede i due grandi edifici in mattone chiaro che racchiudono il cortile Giacometti. I giardini a terrazze del labirinto Miró, il mosaico murale di Tal-Coat, la piccola cappella sulla Via Crucis d'Ubac rinforzano quel sentimento interno di pace, che si prova al primo contatto.

◀ *Aimé Maeght durante i lavori della Fondazione, nel 1963.*

◀ *Il cortile Giacometti.*

Il 28 luglio 1964, André Malraux riceveva dalle nipotine di Marguerite e Aimé Maeght le chiavi della Fondazione. Alla fine della cena, prima del recital di Ella Fitzgerald e di Yves Montand, il ministro prese la parola davanti all'assemblea degli invitati:

«Se non fossimo a conoscenza di quanto significò per Lei questa Fondazione, lo capiremmo subito dal tono della sua voce. È evidente che in nome della Francia, mi associo alle sue parole per noi tutti, per i morti in primo luogo e anche per i vivi. Ma vorrei cercare di precisare, al di là di tutti i servizi che Lei ha reso al paese attraverso tutta la sua vita — poiché questo rappresenta lo scopo di tutta una vita e non una casualità — vorrei dunque precisare come la sua opera è ben altro che una fondazione e, se voi me lo permettete, perché questa serata possiede un carattere storico (...).

Voi avete inventato, per il fatto stesso di aver voluto riassumere probabilmente gli amori intensi di una vita, per il fatto stesso che gli artisti qui presenti, sono poeti o uomini che esprimono con intensità la poesia del nostro tempo, voi avete inventato qualcosa che non si può in alcun modo paragonare ad un decoro e, diciamolo subito poiché il malinteso va crescendo, in alcun modo ad un museo. Questo non è un museo.

Poco fa, guardando il tratto del giardino dove si trovano i Miró, abbiamo provato la stessa sensazione percepita nella sala di Chagall. Quelle piccole corna, che Miró rinventa con una incredibile intensità onirica, creano in questo giardino, con la natura e gli alberi, un rapporto finora mai creato.

Marguerite e Aimé Maeght,
la sera dell'inaugurazione della Fondazione. ▶

◀ *La sera dell'inaugurazione, il 28 luglio 1964, Yoyo, Florence e Isabelle, circondate dai nonni Marguerite e Aimé Maeght, consegnano le chiavi della Fondazione a André Malraux.*

Anche la più celebre fondazione americana, quella Barnes, se fosse qui, non sopporterebbe il confronto, mostrerebbe un ritardo di cinquant'anni, poiché essa è, in effetti, un'ammirabile museo. Qui si è tentato, e apparterrà alla posterità di giudicarne il risultato, di creare, istintivamente e per amore, un universo nel quale l'arte moderna possa ritrovare quel luogo propizio e allo stesso tempo quel mondo recondito, anticamente chiamato soprannaturale.

Tutto questo edificio è appena terminato e già ci troviamo immersi nel silenzio che succede all'ultimo colpo di martello. Penso a Shakespeare: ''È in una simile notte, Jessica...'' Ed è in una notte come questa che si ascoltò il silenzio dopo l'ultimo colpo di martello che aveva costruito il Partenone, è in una notte come questa che Michelangelo ascoltava gli ultimi colpi di martello che costruivano San Pietro.

Dopo l'allocuzione d'Aimé Maeght, André Malraux pronuncia il suo discorso inaugurale; alla sua sinistra, Marguerite Maeght. ▶

◀ *Ella Fitzgerald, invitata per un récital, la sera dell'inaugurazione.*

Signora e signore, levo quindi il mio bicchiere a colui il quale, più tardi, quando nella città che fu Parigi s'inclinerà la gente mormorando e meditando, avendo scritto ''qui la pittura crebbe tra i selci'', verrà qui e dirà ''questo rapporto che è divenuto il nostro rapporto con la vita e che è nato dalla pittura, è forse nato segretamente questa notte''. E quando tutto ciò non esisterà più, allora l'uomo, al quale levo il mio bicchiere, apporrà una piccola iscrizione: ''Qui è stato concepito un elemento dell'impercettibile spirituale''.»

In quella notte d'estate del 1964, la Fondazione Maeght diviene cosí il primo luogo consacrato all'arte contemporanea.

1. Si veda il capitolo *Visita della Fondazione*.

Yves Montand, all'epoca dell'inaugurazione della Fondazione. ▶

Eduardo Chillida, «Iru Burni», 1966-1969, granito, 105 × 99 × 93 cm.

IV
VISITA DELLA FONDAZIONE

Il giardino

Passata la soglia della Fondazione, ci ritroviamo sul sentiero che, circondato dalla pineta, conduce all'atrio dell'edificio. Un tappeto d'erba si stende fino al muro di cinta, decorato da un mosaico di Pierre Tal-Coat. Realizzato nel 1964, questo mosaico di taglia monumentale, 44 metri di lunghezza per 2,20 metri di altezza, si confonde nel paesaggio, passando quasi inosservato con le sue tessere color terra. Tal-Coat amava i supporti rigidi, impiegava in pittura delle tavole di legno, delle scatole di sigari... e la pietra era per lui il materiale privilegiato. Il motivo scelto da Tal-Coat, contrariamente alle apparenze, non è astratto. Alla stessa epoca, parallelamente ai temi che sviluppa in pittura o nel disegno, le sue creazioni con referenze alla preistoria, presentano delle venature di silex, delle linee di faglia, dei cerchi "stregonici"... Ispirato dalla natura, il suo lavoro, trova un'amplitudine particolare, dove gli oggetti, né inquadrati, né rigidamente inseriti in una prospettiva tradizionale, diventano fenomeni che emergono come le immagini delle pitture nelle grotte di Lascaux. Tal-Coat ha saputo abilmente mettere in valore la porosità e le asperità del muro per creare una pittura in pietra, il cui modello è certamente il mosaico di San Vitale a Ravenna. Questo mosaico possiede infatti quell' «indicibile ondulazione», di cui parlava Tal-Coat, rivelata dal gioco di migliaia di tessere, che catturano la luce con le loro diverse dimensioni.

Davanti al muro di cinta, in mezzo al prato si trovano diverse sculture — che sono esposte alternativamente secondo le esposizioni — come la *Statue pour un jardin* d'Ossip Zadkine, del 1958. D'origine russa, stabilitosi a Parigi dal 1909, questo artista è stato uno dei più ferventi promotori, insieme a Laurens e Lipchitz, della scultura cubista, prima di concentrare la sua attenzione sul movimento del corpo, sostituendo i rilievi con dei vuoti. Attraverso questi contrasti, queste rotture di piani, riuniti nel bronzo, Zadkine mette in valore l'individualità di ogni elemento. Paradossalmente, la sua scultura ne acquista una maggiore unità e forza, ed appare come attraversata da uno slancio verticale.

Non molto lontano, si erge il *Pépin géant* di Jean Arp. Questo poeta, pittore e scultore francese, collaboratore del Blaue Reiter, membro eminente

◀ Jean Arp, *«Pépin géant», 1937-1966, bronzo levigato, 162 × 127 × 77 cm.*

ZADKINE

◀ *«Statue pour un jardin» d'Ossip Zadkine, 1958, bronzo, n° 2/6, 253 × 112 × 57 cm e il mosaico di Pierre Tal-Coat.*

del movimento Dadà a Zurigo, realizza nel 1917 i suoi primi rilievi in legno, adagiandoli al muro. Arp abborda la scultura a tuttotondo sin dal 1931. Rifiutando la linea retta, le sue *Concrétions humaines* si adagiano sul suolo stesso, e pur non essendo figurative, evocano le metamorfosi del corpo. L'artista non ha mai cercato di riprodurre la natura, bensí di «produrre come una pianta produce il suo frutto». Arp originariamente realizza il *Pépin géant* in gesso, un praticante lo trasporrà in pietra — si tratta dell'esemplare che oggi possiede il Museo Nazionale d'Arte Moderna di Parigi. Solamente più tardi, nel 1939, per iniziativa della celebre americana Peggy Guggenheim, sono state colate le prime prove in bronzo.

Accanto all'opera di Arp, una scultura spaziale di Norbet Kricke, *Grosse Fliessende* del 1965, ostenta, come una parabola, i suoi fini tubi d'acciaio. Adagiata al suolo, di dimensione monumentale, quest'opera ha

Vista dell'atrio della Fondazione
«Les Renforts» di Alexander Calder, 1965, stabile, 630 × 500 cm.

Alexander Calder, «Humptulips», 1965,
stabile-mobile, 250 × 110 × 90 cm.

la facoltà di accattivare l'energia spaziale, materializzandola, riducendo la massa del suo nucleo centrale.

Di fronte, profondamente ancorati alla terra e in contrasto con questa scultura luminosa, si inarcano *Les Renforts* d'Alexander Calder. Queste sculture in lamiera dipinta create verso il 1937, prendono il nome di «stabili», termine proposto da Jean Arp, in contrapposizione ai «mobili». I precedenti «mobili», si presentano su forma di fini steli metallici e lamiere, ritagliati, colorati (con fiori, foglie, triangoli), sospesi al soffitto. Leggeri e d'una grazia aerea, essi riflettono le forze del mondo in movimento, l'aria, l'acqua, mentre gli «stabili», costruzioni d'acciaio che riposano sul suolo, evocano invece la gravità terrestre. I due principi saranno presto riuniti in una variante, lo «stabile-mobile», di cui la Fondazione espone, nell'atrio d'ingresso, un esemplare, *Humptulips*, che benché riposi su un piede, nondimeno fa oscillare al vento i suoi elementi di metallo colorato.

Più in basso della libreria, si trova un'opera di Barbara Hepworth, *Walnut* (Figure) del 1964. L'artista britannica condivide con Henry Moore la preoccupazione di scoprire e scavare la massa sculturale. Dopo aver praticato la tecnica del taglio diretto, durante i suoi anni di apprendistato in Italia, dopo un passaggio alla scultura astratta e geometrica, l'artista ritorna, impregnata d'arte romanica, al bronzo e alla presenza umana, di cui testimoniano le sue ultime opere.

Non lontano, è situata la scultura in granito del 1966-1969, *Iru Ari* (Tre Pietre) realizzata dall'artista basco Eduardo Chillida e costituita da tre pietre riunite insieme. I volumi di questo cubo s'intricano e si aggrovigliano, in corridoi scavati nella pietra. Possiamo riscontrare un rapporto evidente con un'altra opera precedente dell'artista, realizzata in ferro, *Iru Burni* (Tre Ferri), che appartiene alla Fondazione Hastings di New York.

Alla destra del giardino d'ingresso, prendendo la scala che conduce alla cappella, si trova il muro della Fondazione con l'immenso mosaico di Marc Chagall, *Les Amoureux*, del 1964-65. Chagall realizzò una grande tela, *La vie* nel 1964, concepita specialmente per la Fondazione. Sin dal 1950, l'artista si entusiasmò per i formati imponenti. *La Vie* è una summa del suo universo pitturale, dove si ritrovano i temi a lui cari: la maternità, l'amore, la religione, la musica, il sole, la città... In ognuna delle sue opere

◀ La *libreria della Fondazione e il mosaico di Chagall «Les Amoureux», 1964-1967.*

◂ Marc *Chagall, «La Vie», 1964, olio su tela, 296 × 406 cm.*

Georges *Braque, «Vetrata», 192 × 142 cm.*

La *cappella Saint-Bernard.*

Chagall presenta dei «prodigi»: un violinista dal volto verde, degli acrobati che camminano sulle mani, una danzatrice su un filo, una coppia di sposi giganteschi con il loro figlio nudo che sorvola la città, degli innamorati trasportati nel cielo da un miracolo d'amore... Marc Chagall possiede questa familiarità con l'elemento straordinario, forse grazie ai ricordi dell'insegnamento ''assidico'', ricevuto nell'infanzia. Le regole di composizione e i bruschi cambiamenti di proporzione, non lo preoccupano affatto. Il meraviglioso è unito al quotidiano e la sua unica preoccupazione consiste nel conciliare la sua opera con la natura: «Mettete un dipinto in mezzo alla natura, tra gli alberi, gli arbusti, i fiori. Il dipinto deve sopportare il confronto. Non deve stonare. Deve intonarsi, e prolungarsi nella natura. Deve accordarsi, anche se il dipinto è inventato e illogico.»

Si giunge poi vicino alla cappella, sul cui muro si trova una ceramica di Fernand Léger che data del 1953. Davanti, vi è il *Saint Bernard* d'Eugène Dodeigne del 1968. Si tratta di una forma umana appena abbozzata, di cui l'artista ha liberato la parte superiore del corpo attraverso masse semplificate, in una attitudine di preghiera e di raccoglimento.

Raoul Ubac, «*Via Crucis*»

a) Stazione III, 1962, ardesia, 33 × 24 cm, «Gesù cade sotto il peso della croce»

b) Stazione IV, 1963, ardesia, 31,5 × 25 cm, «Una donna pia asciuga il volto di Gesù»

All'interno della piccola cappella, sfilano sui muri imbiancati, le rappresentazioni della *Via Crucis* di Raoul Ubac. Quattordici atti sul tema della Passione del Cristo, di cui ognuno esprime un momento particolare, dalla condannazione alla deposizione — il volto del Cristo non è mai visibile. Questa *Via Crucis* è realizzata in ardesia, pietra ruvida, costituita da un numero infinito di foglie sovrapposte e che l'artista ha tagliate ad ugnatura, e la cui sfaldatura indica al materiale i limiti stessi delle forme. La tecnica del taglio diretto non permette di distaccare completamente la figura dalla massa, di cui sempre fa parte. Raoul Ubac è uno scultore dei bassorilievi, la forma non è disegnata sull'ardesia, ma nasce da questa ed è in essa. Ubac, durante la realizzazione ha rilevato i colori nascosti dell'ardesia, dal grigio rosa al blu scuro. Ha inoltre tentato un approccio all'arte sacra, accettandone il limite iconografico maggiore, già codificato da un rituale millenario.

«L'arte religiosa non può essere abbordata come l'arte profana... Non dimentichiamo che la Via Crucis è un diretto richiamo alla preghiera, da tradurre con un'immagine simbolica immediatamente usufruibile e non con

c) Stazione X, 1963, ardesia, 30 × 25 cm,
«Gesù è spogliato delle vesti»

d) Stazione XIII, 1963, ardesia, 30 × 25 cm,
«Deposizione dalla croce».

un segno troppo intimamente legato all'artista. Il mio apporto originale poteva solamente consistere, secondo me, nell'esecuzione [1].»

Al di sopra dell'altare si trova un Cristo spagnolo del XII secolo offerto dal celebre sarto Balenciaga. La cappella è rischiarata da vetrate, una delle quali è decorata da un meraviglioso uccello chiaro su fondo viola di Georges Braque, le *Oiseau* del 1962, che evoca la sofferenza pasquale. «Gli uccelli e lo spazio sono da molto tempo al centro delle mie preoccupazioni. Questo motivo mi è apparso nel 1929, mentre preparavo un'illustrazione di Esiodo. Nel 1910, avevo dipinto degli uccelli, ma essi erano incorporati alle nature morte, mentre nelle mie ultime opere lo spazio e il movimento mi assillavano [2].» L'uccello pur tuttavia immobile, le ali spiegate, spazia nella vetrata alta più di due metri, annunciando il tema della resurrezione, l'intima comunione tra materialità e spiritualità, l'apertura verso l'infinito. La seconda vetrata è di Raoul Ubac, *La croix et le Rosaire* (1967). Composta in tre parti, i suoi colori vivi, rosso, blu e bruno, ricreano la luminosità delle vetrate medievali.

Di fronte alla porta d'ingresso della piccola cappella è posto il timpano della chiesa Saint-Vincent de Digne, del XII secolo.

Più lontano si trova la fontana di Pol Bury. Questo artista si esprime attraverso l'utilizzazione dei meccanismi. Le sue opere, cilindri, cubi, biglie d'acciaio, di rame, colonne e fontane... mosse da ingegni elettrici o da forze magnetiche, esplorano il movimento. La sua prima fontana idraulica è stata realizzata nel 1976. La seconda fece scalpore alla FIAC di Parigi l'anno seguente. Quest'opera del 1978 è composta di tubi articolati e mobili in acciaio inossidabile. Una piccola pompa invisibile permette il drenaggio dell'acqua al centro della struttura metallica. L'acqua, scendendo, riempe lentamente ogni tubo fino a provocare, con un movimento ondulatorio brusco e imprevisibile, il riversamento dell'acqua nella vasca della fontana. Il tubo cosí allegerito ritorna alla posizione iniziale, affinché l'acqua lo riempia e l'inclini di nuovo. Le molteplici braccia della fontana si muovono seguendo il vento e il movimento dell'acqua, in un leggero ticchettío unito al mormorio dell'acqua. Altre sculture similari sono esposte al Guggenheim Museum di New York, al Centro Culturale della Comunità francese in Belgio, al Museo dell'Automobile di Mougins...

Pol Bury, «Fontaine», 1978, acciaio inossidabile, ▶
230 × 410 × 270 cm.

Il labirinto di Miró

Josep Llorens Artigas e Joan Miró si conobbero nel 1919, all'*Agrupació Courbet*, fondato dallo stesso Artigas. Questi due giovani artisti, entrambi originari di Barcellona, nati ad un anno d'intervallo, rispettivamente nel 1892 e 1893, si ritrovano a Parigi nel 1923. Miró è appena arrivato. Artigas gli presta il suo atelier (rue Blomet), a pochi metri di distanza da quello di André Masson. La loro collaborazione nel lavoro della ceramica è più tardiva e data del 1942. In quell'anno, un'esposizione del vasaio incita il pittore a lavorare con lui. Passano ancora due anni, prima che il progetto si realizzi, poiché Artigas esita. Miró si reca regolarmente nell'atelier del suo amico, stabilitosi di nuovo a Barcellona. Non conoscendo il mestiere, Miró segue scrupolosamente le sue istruzioni. Dal 1944 al 1946, collaborano insieme; Miró lavora prudentemente, con metodo, realizzando studi preparatori e bozzetti. Le esigenze dell'artista saranno soddisfatte solamente sette anni più tardi. Nel 1951, Artigas acquista una vecchia fattoria, «El Raco» situata nel villaggio di Gallifa, a nord-ovest di Barcellona. Vi costruisce un forno più grande e più adatto del precedente, battezzandolo Nikosthène, in omaggio al vasaio greco del IV secolo avanti la nostra era. Sin dal 1952, Miró lavora con Artigas ed insieme perfezionano la tecnica. Nel 1953, sono pronti a smaltare, infornare e cuocere. Del 25 febbraio 1954, datano le loro prime "sfornate" : duecento trenta quattro pezzi di ceramica sopportano in modo soddisfacente le prove di cottura. Nel 1956, una mostra importante rivela al pubblico parigino il frutto della loro feconda collaborazione.

Più tardi, Josep Llorens Artigas sempre più perfezionista, all'occasione d'un viaggio in Giappone, la cui tradizione di ceramiche è tra le più brillanti e antiche, apporta da questo paese un modello di forno, detto «coreano», utilizzato dai ceramisti giapponesi. A questo forno è legata la creazione delle «Terres nouvelles», a cui appartengono le sculture in ceramica della Fondazione.

«Situato sotto un capannone, al di fuori della vecchia casa, il suo aspetto è senz'altro più suggestivo e singolare, di quello che si trova all'interno dell'atelier. Sprovvisto dell'alto caminetto, che tutti i forni dei ceramisti abitualmente posseggono, ma provvisto invece di un ventre pieno

◀ I*l Labirinto di Joan Miró: «L'Oiseau de la Tour», 1968,*
ferro forgiato, 130 × 128 × 128 cm,
tre lastre murali, 1963, ceramica,
in basso, «Le Mur de la Fondation», 1968, ceramica, 1240 × 200 cm.

di fori, il forno coreano, che un tempo sotto il suo tetto forse abritò un branco, rassomiglia ad un grande animale sconosciuto, probabilemente una femmina, pronta a portare a termine, con grande prolificità, covate e figliate. Il suo carattere materno, è quello della natura, o più precisamente della terra, e fa referenza alle mitologie primitive [3].»

Tutte queste «Terres nouvelles», non sono ceramiche di tipo artigianale o decorativo, ma possiedono una forza comparabile all'arte, oramai dimenticata, degli antichi popoli mediterranei, ispiratasi dai ceramisti dell'Estremo Oriente. Le sculture del labirinto posseggono questa vena. «Maschere di vita, di donne e di madri, rappresentazioni del principio femminile della natura e della mascolinità fecondatrice, omaggi alla

Joan Miró, «Le Lézard», 1963, ceramica, altezza: 270 cm.

mescolanza delle specie e alla nascita degli ibridi, questi grandi oggetti smaltati non potevano trovare miglior rifugio che tra le piante verdi, i fiori sbocciati, le acque zampillanti, sotto il sole mediterraneo, che unisce e fonde i colori, come l'ardore del forno [4].»

Joan Miró, «Gargouille», 1968, ceramica, 95 × 85 × 25 cm.

Queste ceramiche monumentali, che insieme a qualche bronzo ornano il giardino, sono state realizzate tra il 1962 e il 1963 nel forno «coreano» d'Artigas e presentate per la prima volta alla galleria Maeght, nel 1963. Proprio in quegli anni Miró ha sviluppato questo carattere monumentale fino a crearne un suo universo.

«Ho lavorato con lo spirito monumentale pensando ad una possibile incorporazione con l'architettura [5].»

Nessun progetto ha avuto una realizzazione più perfetta. Miró, nel terminare il suo labirinto, ha posto sulle terrazze dei modelli, in compensato e in grandezza natura, delle sue sculture. Voleva rassicurarsi che il posto scelto fosse il migliore, e verificare che le sculture si armonizzassero tra loro e al paesaggio. «Noi cambiamo e ci scambiamo, in piena libertà, diceva. Facciamo, disfaciamo e rifacciamo. Alcuni grandi artisti arrivano in un

Joan Miró ha disposto, sulle terrazze non ancora terminate del Labirinto, i modelli, in compensato e in grandezza naturale, delle sue sculture. In primo piano, appare la «Déesse», nel fondo, «Le Grand Arc».

luogo, depongono i loro capolavori, come se gettassero delle pietre al mare. Io lavoro come un tipo qualunque. Sert e Artigas sono miei vecchi amici e questo è l'essenziale.»

Partendo dalla sala del Comune, sulla destra, possiamo ammirare l'immenso muro di ceramica (lungo 12 metri per 2). È stato realizzato seguendo il modello dell'università d'Harvard (USA) del 1960 e conta ben 468 tavole refrattarie, di uguali dimensioni, unite come una piastrellatura. Eretto all'aria aperta, questo muro è stato realizzato in Spagna, a Gallifa, poi trasportato e posto alla Fondazione nel 1968.

«I tratti della grande ceramica murale non sono particolarmente aggressivi. Vi è un personaggio dagli occhi sporgenti, simile ad un insetto dalle lunghe antenne e dagli occhi che osservano i visitatori del Labirinto [6].»

«Le Grand Arc», realizzato in cemento, è stato inciso con un martello-perforatore da Miró, che si può scorgere in basso, a destra.

◀ *«Le Grand Arc», 1963, cemento, 580 × 615 × 215 cm.*

I colori tenui di questa composizione «all-over» prendono forma su un fondo grigio che Miró ignora durante l'esecuzione. L'artista incide la sua opera sulle lastre, prima che gli smalti, disposti sulla superficie, subiscano una prima cottura. Con l'aiuto di un pezzo di legno o tutt'altro strumento appuntito, graffia lo strato spento dello smalto e procede ad un disegno sommario. Questa traccia è poi ripresa con la spazzola e con uno smalto nero. Miró spruzza o apporta un largo tracciato alla sua opera. Le lastre di grès (arenaria) sono in seguito cotte ad alta temperatura (da 1250 a 1350 gradi), rivelando, a cottura terminata, le forme nere e il fondo. A Miró non rimane che disporre i colori, cotti a fuoco basso (900 gradi) questa volta, al fine di preservarne la loro vivacità. A sinistra, sul muro della biblioteca si trova *Le Lézard*. «Si arrampica come se volesse volare, puntando il suo volto verso di noi, un volto che porta sul ventre [7].» Quest'opera è stata designata dai suoi creatori, mentre stavano lavorandola con il titolo di *Figure de femme*. La superficie irregolare presenta alcune

Joan Miró, *«La Déesse», 1963, ceramica, 157 × 115 cm, e «L'Œuf de mammouth», 1963, ceramica, 180 × 135 cm.*

◀ *«La Fourche», 1963, ferro e bronzo, 507 × 455 × 9 cm, e «Le Cadran solaire», 1973, diametro: 310 cm.*

impronte di dita, quelle dello stesso Miró. Questa lucertola ha quasi la parvenza d'una larva umana; il suo volto rotondo, scrutatore è simile ad una maschera rituale. Una precedente versione dell'opera aveva il nome di *Figure with Arms up*. Lucertola, donna o figura, non sembra quasi prendere il volo ? Per José Pierre, critico d'arte, questa lucertola, in agguato, ha un'apparenza di candore lunare e veglia su questa oasi più che l'*Oiseau de la tour*, il quale ha, invece, l'apparenza di un gallo.

Joan *Miró, «Femme à la chevelure défaite», 1968, marmo bianco, 210 × 50 × 90 cm.*

Dietro questa opera murale si erge una torre, sul cui muro sono incastrate tre piastre in ceramica dalla forma arrotondata. Quella in alto è nera con una stella di Miró tracciata in graffite, quella nel mezzo è bianca e porta un disegno complesso formato in parte da curve, mentre quella più in basso è rossa e nel suo centro si può notare una specie di croce nera e un cerchio. In alto della torre si trova una scultura in ferro lavorato d'un metro e trenta di altezza, l'*Oiseau de la tour*, del 1968, di cui esiste un modello preparatorio di piccole dimensioni, realizzato in terracotta.

Passiamo poi davanti ad un doccione di ceramica a grosse labbra verdi, che data del 1968 per raggiungere *Le Grand Arc* del 1963. «Otto volte ricercato nella terracotta, tra le sfumature dei grigi, rosa, blu e bruni, per finalmente sfumarsi nel pallore del cemento, ricorda José Pierre [8].»

Joan Miró, *«L'Oiseau solaire», 1968, marmo di Carrara, 158 × 240 × 137 cm.*

Sui modelli visibili alla Fondazione, si può notare un volto ripetuto in più luoghi, ma che non apparirà nella versione definitiva. *Le Grand Arc* si erge maestoso, come una porta che non conduce in alcun luogo. Giunti ai suoi piedi bisogna ritornare sui nostri passi. Scendendo questi scalini, arriviamo vicino ad un bacino, nel mezzo del quale si trova un uovo di color piombo, d'un grigio metallico, che la patina del tempo ha ricoperto di qualche traccia di smalto nero. Di fronte dal 1963, regna nel giardino, la prestigiosa *Déesse*. Una terracotta del primo periodo è ispiratrice di questa forma.

Joan *Miró, a sinistra, «Personnage» (totem), 1968, ceramica e ferro, 550 × 80 cm, al centro, «L'Oiseau lunaire», 1968, marmo di Carrara, 300 × 260 × 120 cm.*

«È una femmina enorme, dipinta coi colori della notte e del sangue, dalle forme espansive, dotata d'una strana specie di sesso, simile ad una corazza di tartaruga marina che si immerge nella terra da cui è creata [9].»

Questa lingua d'argento, situata su questa apertura, rende questa scultura, che si staglia maestosa, simile ad una dea della fecondità, «madre della terra e delle raccolte e, poiché sovrasta il forno, anche madre dei vasi [10].»

Ai piedi della *Fourche*, fusa in bronzo e ferro (1963) — Miró lascia sempre intravedere l'oggetto di base che ha utilizzato per le sue sculture — si trova il *Cadran solaire* (1973) realizzato in ceramica. Verso destra si trova un secondo bacino nel quale si riflette una scultura, *Femme à la cheveleure défaite* (1968), posata su uno zoccolo che ha l'aspetto di un sasso. Il marmo bianco, dalla forma allungata, è inciso di tratti curvilinei e di fori. Fissato al muro di mattoni e appollaiato su un alto supporto di ferro, *Le Personnage* (1968) dal viso di ceramica bruna, senza corpo né braccia, domina il labirinto come una sfinge impenetrabile. Di fronte, due marmi di Carrara,

L'*ultimo bacino con «Gargouille» del 1964, ceramica, 90 × 40 × 50 cm, e «Personnage», ceramica, 1968, 90 × 30 cm.*

l'*Oiseau solaire* e l'*Oiseau lunaire* (1968), all'origine fusi nel bronzo, poi riportati in marmo. Tutti e due hanno una taglia imponente. L'*Oiseau lunaire* è riconoscibile per l'arco che funge da piedi, le ali corte rivolte verso il cielo e la sua enorme testa con le corna. Nessun uccello dà l'impressione d'una sí grande pesantezza. Disposto su una base di pietra, L'*Oiseau solaire*, ha la forma simile ad un mammifero marino o ad un uccello migratore. Ma poco importa, essi fanno parte d'un universo straordinario, dove la mutazione, anche se insolita, non stupisce più.

L'ultimo bacino comprende tre fontane e da una sola — quella a forma di pezzi meccanici — fuoriesce l'acqua. È fissata al muro di pietra, accanto a due antiche maschere teatrali in ceramica, l'una verde dalla testa di rettile, l'altra blu dalla testa tonda di civetta. Scendendo qualche gradino, raggiungiamo il cortile Giacometti.

Il cortile Giacometti

La tensione tra le due facciate dell'edificio e il vasto spazio offerto alla vista dal lato sud, si accorda allo sguardo che sanno attirare le statue di Giacometti: le opere qui esposte appartengono agli anni cinquanta, momento in cui Giacometti è conscio della giustezza delle sue aspirazioni e definitivamente incerto di poter realizzare una tale ambizione. Se Giacometti è un artista internazionalmente riconosciuto al momento della costruzione della Fondazione, l'esistenza di questo cortile, prova l'interesse precoce d'Aimé Maeght verso questo artista. E precisamente nella sua galleria, dopo la guerra, che nel 1951 Giacometti potrà presentare una mostra personale. Dal 1947, Aimé Maeght aveva acquistato alcune sue sculture (*L'homme au doigt*, *Le Nez*, *Tête sur tige*). A testimonianza di questo suo profondo interesse è il numero importante d'opere, 35 sculture e 30 disegni, appartenenti alla Fondazione.

Alcune opere di questa importante collezione, che corrispondono ad un unico progetto, costituiscono il fulcro di ciò che è esposto nel cortile. Nel 1958, la Chase Manhattan Bank chiede a Giacometti una versione monumentale dei *Trois Hommes qui marchent* (1948), destinata alla piazza situata di fronte all'edificio. Giacometti realizza le tre figure di dieci centimetri: una testa, una donna in piedi e un uomo che cammina. Prevede di dare all'*Homme qui marche* una altezza normale, ma riserba per la *Tête* e la *Femme* delle dimensioni che eccedono il modello.

Questo progetto sarà però abbandonato, in parte, a causa della relativa sollecitudine di Giacometti, ma le statue saranno comunque realizzate ed

esposte alla Biennale di Venezia nel 1962. La storia di questo progetto mostra da un lato la connessione originaria delle opere — da Giacometti ricoperte specialmente per il luogo d'una patina ocra — e dall'altro il rifiuto a far parte d'un tutto. La forte presenza percepibile in questo cortile è forse dovuta alla coscienza di questa tensione.

L'uomo che cammina è un tema importante nella scultura. Giacometti ha ritenuto a lungo l'interpretazione che ne dava Rodin. Troviamo già questo tema nella statuaria egiziana, per distinguere le figure maschili da quelle femminili, quest'ultime immobili. Molto stranamente, Giacometti ritrova questa distinzione quando constata: «Mi sono reso conto che non posso fare a meno di rappresentare la donna immobile e l'uomo, invece, mentre cammina.» *L'homme qui marche* di Giacometti stringe un legame tra l'orizzontalità della base e la verticalità, sottolineata dall'effetto di esilità della figura. In effetti, il suolo e i piedi dell'uomo sono due masse compatte che si incontrano. Giacometti ha cercato di afferrare ciò che unisce l'uomo alla terra. Non si ha l'impressione di pesantezza dell'uomo sulla terra, come se quest'ultima gli offrisse la resistenza propizia allo spostamento. Giacometti restituisce qui quel che ha afferrato nel 1945, sul boulevard Montparnasse: «L'uomo che cammina sulla strada non pesa nulla, in ogni caso molto meno di un uomo svenuto. Si tiene in equilibrio sulle gambe e non sente il suo peso.» La rappresentazione scientifica d'un camminatore — forza della gravità contro la forza della coesione — pare qui ben povera. Stranamente, le *Grandes Femmes debout* non si oppongono all'*Homme qui marche* come la fissità al movimento. Si ritrova infatti questa massa compatta alla giuntura della figura e della sua base, che dà l'impressione di emergere dalla terra. La figura si innalza letteralmente di fronte a noi, ed è per questo che Giacometti sottolinea l'importanza della postura nel titolo stesso «in piedi». Queste donne, di 270 centimetri d'altezza, appartengono all'ultima serie di quattro opere, che Giacometti consacra al nudo femminile. Sono le figure più alte che abbia mai realizzate e sorprendono comparandole a quelle realizzate una quindicina di anni prima, che secondo le parole stesse di Giacometti, sarebbero entrate in una scatola di fiammiferi. Pur tuttavia, in un caso come nell'altro, il lavoro non si basa su una scala di grandezze determinata a priori. Non vi è alcuna ricerca di miniatura, né di monumentalità. È proprio quella stessa visione che Giacometti cerca di realizzare che, a grande sorpresa, impone la dimensione dell'opera.

Alberto Giacometti, «L'Homme qui marche I», 1960,
◀ *bronzo, 182,5 × 26,5 × 96,5 cm, situato nel cortile Giacometti.*

◂ *Aimé Maeght e Diego Giacometti, davanti alla «Grande Tête I» di Alberto Giacometti, 1960, bronzo, 94,5 × 30,1 × 36,5 cm.*

Già in altre composizioni con delle figure riunite — *La Place, La Forêt* — Giacometti aveva posto una testa accanto alle figure in piedi. *La Grande Tête I,* il cui modello è Diego, fratello dell'artista, è ispirata dalla testa dell'imperatore Costantino del museo Capitolino a Roma, che Giacometti aveva copiato un anno prima. In questo gruppo, la presenza singolare di questa testa si può spiegare dal fatto che essa propone un movimento. Sui tre piani che sostengono la testa, la figura appare in modo quasi insensibile, concentrata attorno allo sguardo, senza mai poter discernere, a nessun livello, se si tratti della base, o del corpo, della gola o del collo. L'importanza del corpo unito allo sguardo, sarà l'elemento che Giacometti riprenderà più tardi, fino all'ammirabile e ultimo busto d'Elie Lotar.

Estate 1964, riuniti sui gradini del cortile Giacometti, da sinistra a destra e dall'alto in basso: Jacques Dupin, Aimé Maeght, Alberto Giacometti, Marguerite Maeght, Violette Artigas, Louis-Gabriel Clayeux, Eduardo Chillida, Pilar Miró, Marguerite Benhoura, Adrien Maeght, Joan Miró, Christine Dupin, Pablo Palazuelo, Daniel Lelong, Muncha Sert, Josep Lluis Sert, Josep Llorens Artigas, Pili Chillida, Xavière Tal-Coat, Pierrette Tal-Coat e Pierre Tal-Coat.

Lo spazio interno

La scelta adottata da Josep Lluis Sert per la pianta dell'edificio della Fondazione è allo stesso tempo semplice — riprende l'organizzazione centripeta della casa mediterranea, chiusa all'esterno e aperta attorno ad un patio centrale — e perfettamente studiata. Dalla parte del giardino, l'atrio rettangolare, preceduto da due bacini, che presentano nel loro centro sopraelevato delle sculture, è chiuso da una claustra di vetro, che segna dolcemente il passaggio dall'esterno verso l'interno. Le maniglie delle porte, in bronzo, sono di Giacometti.

Alla sinistra del vestibolo si trovano le sale d'esposizione, distribuite attorno al patio, al centro del quale si trova la *Jeune Fille s'évadant* di Miró (1968) — si possono identificare facilmente gli oggetti utilizzati dall'artista: un rubinetto, la parte inferiore d'un manichino di plastica riuniti col bronzo dipinto — e il bacino con il mosaico di Braque, *Les Poissons* (1962).

L'atrio della Fondazione che si apre, nel fondo, sul patio.

Joan Miró, *«Jeune fille s'évadant», 1968, bronzo dipinto, 135 × 60 × 40 cm.*

La *sala Georges Braque durante l'esposizione Miró del 1984.*

Le sale dai muri bianchi, senza finestre, dal suolo rustico presentano delle aperture situate in punti strategici, creando un rapporto intimo tra spazio interno e esterno, riposando cosí il visitatore. Queste aperture si affacciano infatti sul mare, sul bosco, sul patio o verso il bacino di Braque. Le cinque sale di questo lato, ognuna consacrata ad un artista, portano il loro nome: Alberto Giacometti, Wassili Kandinsky, Marc Chagall, Joan Miró e Georges Braque. Queste sale di dimensione e altezza differenti, illuminate da una luce zenitale, sono idealmente adatte alla disposizione dei quadri sulle pareti. Il risultato è stato ottenuto grazie alla disposizione di mezzevolte vetrate che ricoprono il tetto. Queste difatti, per la loro differente posizione, captano e diffondono la luce solare all'interno, e il "cocoon" che ricopre il tetto ne migliora l'effetto. Ogni sala presenta una diversa disposizione dei vasistas zenitali, creando cosí una luce propria e particolare.

L'isotermia e l'igrometria costante sono garantite in gran parte dalla tecnica di costruzione — Sert ha infatti costruito i muri a due pareti di mattoni, separate da un vuoto d'eguale spessore. Per la buona conservazione delle opere la temperatura è mantenuta a diciannove gradi, eccetto d'estate, stabilita a sette gradi al disotto della temperatura ambiente, per non creare un contrasto troppo importante con l'esterno. L'umidità è mantenuta tra i quaranta cinque e i cinquanta gradi d'igrometria.

Ritornando nell'atrio, dopo aver attraversato le differenti sale separate da piccole scalette interne, si trova, alla sinistra del cortile Giacometti, un'altro lato dell'edificio che comprende tre piani. Nel sottosuolo è situato il cinema "d'art et d'essai" aperto tutti i giorni durante l'estate e tre giorni a settimana durante il resto dell'anno. Al primo piano si trova la libreria d'arte, fornita di cataloghi della Fondazione, di stampe e incisioni originali, affiche e cartoline. Di fronte si trova l'ultima sala d'esposizione: la grande Sala detta del «Comune», battezzata cosí perché, essendo concepita in modo classico, può essere utilizzata come sala di riunione. Un mezzo piano più in alto si trova l'accesso al Labirinto di Miró. Al secondo piano sono situati il segretariato e la sede della Società degli Amici della Fondazione; al terzo, il tetto-terrazza.

«Les Poissons», bacino in mosaico di Georges Braque, 1962.

CAHIER

G. Braque

◀ *Georges Braque, «Atelier VI», 1950-1951, olio su tela, 130 × 162,5 cm.*

Nel 1962 Aimé et Marguerite Maeght avevano chiesto a Josep Lluis Sert di costruire una casa, chiamata *Maison des Artistes* o del *Directeur*, vicino al Labirinto di Miró. Qui ha sede la biblioteca della Fondazione. Accessibile al pubblico, il suo fondo, che possiede 16000 pubblicazioni sull'arte contemporanea (di cui 15000 edizioni originali), è stato costituito grazie alla donazione comune d'Aimé et Adrien Maeght, con l'apporto della biblioteca personale di Marguerite e Aimé Maeght e delle acquisizioni della Società degli Amici della Fondazione. Adrien Maeght prosegue quest'opera offrendo alla biblioteca, un esemplare delle incisioni ed edizioni di bibliofilia ch'egli continua a pubblicare. La biblioteca conserva una delle più belle collezioni di bibliofilia contemporanea costituita di libri illustrati con litografie e acqueforti originali, a tiraggio limitato, numerato e firmato, spesso annotate e dedicate dagli stessi autori e artisti. È possibile inoltre consultare le principali riviste d'arte e i cataloghi dei principali musei del mondo, con i quali la Fondazione intrattiene delle relazioni privilegiate.

La sala del Comune.

Il Caffè della Fondazione.
Sedie, sgabelli, tavole e lampade
sono opere di Diego Giacometti.

Il caffè della fondazione è situato nel giardino, vicino all'ingresso. Sedie, tavolini, sgabelli e lampade sono stati realizzati in bronzo da Diego Giacometti.

1. *Raoul Ubac,* collezione di monografie, Maeght éditeur, Parigi, 1970.
2. Jean Leymarie, *L'Oiseau et son nid*, in *Quadrum*, volume V, 1958.
3. André-Pieyre de Mandiargues, *Derrière Le Miroir* n°139/140, Parigi, 1963.
4. André-Pieyre de Mandiargues, *Derrière Le Miroir* n°139/140, Parigi, 1963.
5. Rosamond Bernier, «Miró céramiste» in *L'Œil*, n°17, maggio 1956, Parigi.
6. José Corredor-Mattheos, *Miró et Artigas céramiques*, Maeght éditeur, Parigi, 1973.
7. José Corredor-Mattheos, *Miró et Artigas céramiques*, Maeght éditeur, Parigi, 1973.
8. José Pierre, *Miró et Artigas céramiques*, Maeght éditeur, Parigi, 1973.
9. André-Pieyre de Mandiargues, *Derrière Le Miroir* n°139/140, Parigi, 1963.
10. José Pierre, *Miró et Artigas céramiques*, Maeght éditeur, Parigi, 1973.

Bram *Van Velde, «Composizione», 1959-1960,*
olio su tela, 130 × 192 cm.

V

LE MOSTRE ORGANIZZATE DALLA FONDAZIONE

André Malraux e Aimé Maeght,
all'epoca dell'esposizione del «Musée imaginaire».

Ogni anno la Fondazione organizza delle esposizioni a carattere internazionale che costituiscono un'importante panorama dell'arte contemporanea. Si tratta sia della retrospettiva d'un artista di grande rilievo, oppure d'una esposizione consacrata ad uno scrittore e ai suoi rapporti con l'arte. All'inizio, la Fondazione presentava essenzialmente gli artisti sostenuti da Aimé Maeght, poiché questi artisti hanno avuto un ruolo decisivo in quegli anni. In seguito, le mostre hanno dato spazio, come si può notare dalla lista alla fine del capitolo, a degli artisti esterni. La presentazione dei quadri varia secondo le mostre e le stagioni. Le mostre d'inverno e primavera rivelano dei lavori recenti. Le mostre estive, invece, presentano degli artisti o dei movimenti fondamentali della storia dell'arte della fine del XIX o XX secolo. La Fondazione presta molte opere della sua importante collezione, e in contropartita, riceve in prestito altre opere da diversi musei, gallerie, collezioni o atelier d'artisti.

Alcune esposizioni hanno lasciato un vivo ricordo tra i participanti come tra i visitatori.

E un vivo ricordo lasciò infatti l'esposizione *Musée imaginaire* d'André Malraux. Il nome d'André Malraux è legato alla Fondazione, da lui stesso inaugurata. Nell'estate del 1973, gli è stata offerta la possibilità di presentare il suo progetto di *Musée Imaginaire*, che, dal 1947, aveva solamente potuto presentare con degli scritti. I cento mila visitatori dell'esposizione poterono scoprire più di 800 oggetti, che offrivano un vasto panorama dell'arte dei cinque continenti, durante quattro millenari, e la cui scelta era stata determinata dal principio di Malraux: «Non desidero presentare solamente dei capolavori.»

L'esposizione rappresentò ben altro che una semplice prova d'erudizione e d'eccletismo di Malraux. Essa obbediva infattti alle sue preoccupazioni costanti. Secondo Malraux, la nostra epoca — e la sua arte ne è testimone — non si può più considerare secondo gli stessi principi dell'epoche precedenti. Essa è caratterizzata da due tratti fondamentali: da un lato si considera mondiale nello spazio e nel tempo e, dall'altro, resta ignorante dei valori che la costituiscono. L'uomo moderno — l'artista stesso non può esimersi — si sente costretto a conoscere quel che lo circonda come anche il passato, ma non parviene a riconoscere quel che è al centro della propria esistenza. Questa dualità era presente all'esposizione. Con essa Malraux apparteneva alla sua epoca, condividendo la preoccuppazione prospettica e totalizzante, attraverso la quale, cercava di svelare i principi fondamentali, presenti ma inosservati, e che soleva chiamare il ''Tesoro'' di questo Museo Immaginario.

Già dal suo discorso inaugurale della Fondazione, nel 1964, Malraux aveva presentato questa sua constatazione:
«Oggi noi sappiamo cos'è la pittura, ma non conosciamo il mondo che vi si nasconde. Non si tratta certamente del soprannaturale delle cripte o delle religioni, ma neanche del lusso.»

Questa esposizione rappresentava un tentativo: questa raccolta, conforme a quel che l'epoca richiama, avrebbe potuto svelare qualcosa riguardo l'epoca stessa ? Anche Malraux insisteva sul fatto di non contentarsi di considerare le sole relazioni formali delle opere esposte.

«Double Protomé», Talish, II millenario avanti Cristo.
Altezza: 8 cm.

«È chiaro che il Museo Immaginario non potrà ridursi alla sola relazione formale... i visitatori dell'esposizione della Fondazione Maeght si troveranno di fronte ad una scelta di un uomo nato all'inizio del nostro secolo. Credo che ognuno di noi vi scoprirà, che lo voglia o no, il proprio tesoro... Credo che vi presentirà il valore segreto, quello che avrà suscitato questo Tesoro... Credo infine, che ciò valga anche per lo stesso Museo Immaginario nel suo insieme: esso forma il suo Tesoro e noi ci limitiamo a scoprirlo. Per questa ragione non posso vedere in questo museo un'avventura grandiosa e insensata... Lui stesso forse rivelerà ai posteri, i valori che uniscono queste opere... Poiché li ignoriamo, come tutti i valori che animano la nostra civilizzazione, la prima che si voglia erede di tutto il passato della terra, e la prima che ignori i propri valori supremi, valori che né io, né voi, confondiamo con quelli ai quali essa stessa impropriamente si richiama [1].»

L'esposizione presentava un duplice aspetto: comprendeva 633 oggetti — fotografie, manuscritti, libri e corrispondenze — legati alla biografia di Malraux e 178 opere d'arte. Tra queste, un largo spazio è stato fatto al Medio Oriente e all'Oriente. Babylone, Egitto, Afghanistan, Pakistan, India, Tibet, il popolo Khmer, Cina, Giappone erano rappresentati con 70 oggetti. Tra questi un quadro giapponese del XII secolo *Taira no Shigemori* di Takanobu, sí fragile, che il tempio Jingaji di Kyoto l'espone solamente dodici giorni l'anno, una *Maternité* ittita, un *Double Protomé* orientale, la *Déesse de la Fertilité* del museo di Damas, che data del XX secolo avanti Cristo, e che non aveva mai lasciato la Siria, il famoso intendente *Ebih-il* di Mari... L'arte oceaniana era rappresentata da 10 oggetti provenienti dalle isole Marquises, dalla Nuova Guinea, dalle Nuove Ebridi e dalle isole di Pasqua. Erano anche rappresentate l'arte precolombiana (10 pezzi) e l'arte africana (13 pezzi). A parte le opere preistoriche, le vestigia dei Galli e le statue greche e medievali, l'Europa era rappresentata soprattutto dalla pittura: Tiziano, Greco, Poussin, Rubens, Georges de la Tour, Velázquez, Chardin, Fragonard, Delacroix, Goya, Corot, Van Gogh, Braque, Picasso, Masson, Kandinsky, Chagall, Rouault, Fautrier, Miró e Dubuffet. Alcuni testi di Malraux, ispirati da questi artisti hanno largamente contribuito allo loro notorietà pubblica.

Con *Bonnard dans sa lumière*, la Fondazione ha reso omaggio, nel corso dell'estate 1975, a colui che Matisse chiamava «il più grande fra tutti».

◀ *Pierre Bonnard, «L'Été», 1909, olio su tela, 260 × 340 cm.*

Questa esposizione non fu una mera retrospettiva del suo lavoro — benché fossero presentate alcune delle 600 tele del maestro scomparso nel 1947, tele sequestrate durante venti anni, a causa della successione e mai esposte al pubblico fino ad allora — ma un sincero omaggio d'Aimé Maeght a colui che l'aveva introdotto nel mondo dell'arte. Una forte amicizia legava i due uomini e Bonnard confidò a questo proposito a Thadée Natanson: «Se avessi avuto un figlio, l'avrei voluto come lui.»

In effetti, Aimé Maeght ha avuto la fortuna d'incontrare a Cannes, durante la guerra, due geni del libro e che furono allo stesso tempo due tra i più grandi pittori del momento, Matisse — che inauguró la galleria Maeght a Parigi nel 1945 e al quale la Fondazione ha consacrato una mostra personale nel 1969 — e Bonnard.

«Oggi, nel momento in cui i pittori perdono di vista la pittura, era tempo di consacrare a Bonnard, il più puro, il più vero tra i pittori moderni, una seconda esposizione», dichiarò allora Aimé Maeght. La sua prima esposizione fu quella del dicembre 1946, *Le noir est une couleur*, che vide nascere il primo numero di *Derrière Le Miroir* e alla quale parteciparono anche Matisse, Braque, Rouault...

La carriera di Aimé Maeght è inseparabile da quella di Pierre Bonnard, e per questa ragione la sua retrospettiva assumeva un carattere particolare. Il titolo della mostra era stato tratto da una frase pronunciata da Bonnard, sei mesi prima di morire, tale la rapporta Jean Leymarie: «Il giorno prima della mia partenza, nell'agosto del 1946, Bonnard venne a Cannes, camminammo in silenzio lungo la baia e prima di lasciarmi, quando il sole tramontava in tutta la sua gloria, dietro l'Esterel, e quando il mare ebbe il suo fremito notturno, esclamò: "La luce non è mai stata cosí bella."» Doveva compiere ottanta anni ed era come se ammirasse per la prima volta la luce di Cannes, eppure a lui tanto familiare. A questa occasione, furono presentate delle tele di gioventù, come *Femme à la robe à pois blancs* del 1891 o *Le Nu couché* del 1898. A quest'epoca, Bonnard espone al Salon des Indépendants e forma un gruppo, i *Nabis* — profeti di Dio —, con Vuillard, Maurice Denis, Valloton, Maillol, Sérusier, Ranson. La sua prima mostra personale data del 1896, alla galleria Durand-Ruel. «Nessuno nota con più fermezza, riferiva nella sua cronaca Gustave Geoffroy, l'aspetto della strada, la silhouette dei passanti, la macchia di colore vista attraverso la nebbia parigina, la fragile grazia della giovinetta». I suoi amici l'avevano soprannominato il «Nabi très japonard» per il gusto pronunciato di certi motivi decorativi, per le sue vedute dall'alto e le sue imprevidibili prospettive. Vi erano anche dei quadri mai esposti prima in Francia, come *Le Train et les Chalands* del 1909, *Lc Matin de Paris*, *Le soir de Paris* del 1911 che mostravano la sua predilezione per una pittura di colore. L'*Été*, opera immensa, donazione di Marguerite e Aimé alla Fondazione, era esposta come simbolo dello "choc" del Sud, che l'artista aveva percepito a Saint-Tropez, a casa di Manguin, amico di Matisse e di Marquet : «Ho avuto il colpo da Mille e una Notte. Il mare, le pareti gialle, i riflessi cosí variegati come le luci.»

Di quest'epoca datano anche i primi nudi alla toilette. Bonnard privilegia gli effetti di luce sui corpi delle bagnanti, lo scintillío del bordo

Michel Guy, Ministro dei Beni Culturali, e Aimé Maeght, all'esposizione «Bonnard, dans sa lumière», nel 1975.

◀ *Alberto Giacometti, «Ritratto di Marguerite Maeght», 1961, olio su tela, 130 × 96,5 cm.*

di una vasca, il riflesso d'una mattonella in ceramica. Le composizioni delle sue tele *Nu à la lampe* (1910), poi *Nu à la baignoire* (1931), *Nu au miroir* (1931), *Nu accroupi* (1941) ci ricordano quelle delle *Nymphéas* di Monet — di cui era tra l'altro vicino di casa. Come Monet a Giverny, il quale un giorno ha smesso di guardare il suo giardino secondo la prospettiva classica — come se, appoggiato al parapetto del piccolo ponte avesse piegato la testa al di sopra dell'acqua, e in questa attitudine rovesciata avesse ammirato le *Nymphéas* —, cosí Bonnard ha abbandonato l'inquadratura tradizionale del dipinto. Quando dipingeva, stendeva infatti sui muri dell'atelier delle grandi superfici di tela — più grandi del quadro finale — che tagliava solamente dopo aver terminato il dipinto. «I nudi iridescenti di Bonnard, abbandonati nell'oblío vegetale, si schiudono e alle volte fluttuano come dei nenufari. Interamente estranei alla norma neoclassica, devastatrice della bellezza, essi rinviano al di là di Venezia, alle reminiscenze ellenistiche [2].»

Bonnard raggiunge quindi lo sfumato della luce, le sfumature dei toni caldi e freddi, la trama interna — l'armatura complessa — d'una archittettura inerente al dipinto. Organizza le sue composizioni secondo diverse prospettive, in un modo afocale e centrifugo, come nel *Paysage au Cannet* (1928), *Les Toits rouges* (1941), *Portrait de l'artiste* (1945) qui esposti. Il miracolo della sua pittura — paesaggi, scene d'interno o autoritratti — è di pervenire, come diceva, a un quadro che «sia un raccordo di macchie, che legandosi tra di loro formano in definitiva l'oggetto, che l'occhio scruta senza trovare ostacolo».

Questi 83 quadri, alcuni provenienti dalla Phillips Collection di Washington, dal Guggenheim Museum di New York, dal museo dell'Ermitage di Pietroburgo o ancora dall'antica collezione Hahnloser in Svizzera, insieme ai 62 disegni e ai libri illustrati sono la testimonianza della sua riuscita.

Nel 1978, fu organizzata una retrospettiva dell'opera di Alberto Giacometti. La Fondazione, che conserva una delle più ricche collezioni dell'artista, era il luogo predestinato per una tale esposizione, che comprendeva 116 sculture, tra le quali le prime opere cubiste e surrealiste, ma anche le *Quatre Femmes sur un socle* (1950), le *Femmes de Venise* (1956),

◂ Alberto *Giacometti mentre osserva «Les Femmes de Venise», 1956, situate nel cortile della Fondazione.*

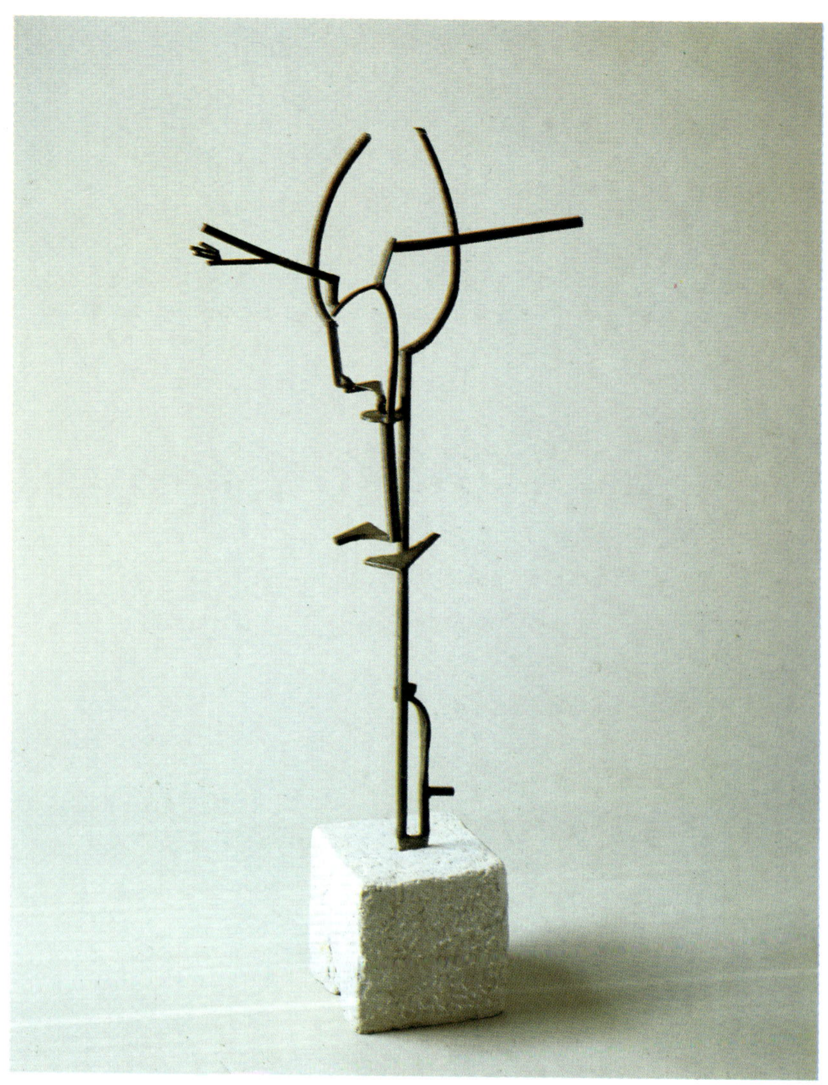

Julio *Gonzales, «Personaggio in piedi», 1932-1935, ferro, 128 × 60 × 40 cm.*

Diego au chandail (1954), una decina di gessi inediti, 68 dipinti, come i ritratti di *Marguerite Maeght* (1961), *Annette* (1960), *Yanaihara* (1960), 120 disegni e una selezione d'acqueforti, litografie e libri illustrati, più di trecento opere in tutto.

Tra le più importanti esposizioni figura ugualmente *La Sculture du XXe siècle, 1900-1945 — Traditions et ruptures*, presentata da luglio a ottobre del 1981. Questa esposizione, l'ultima inaugurata da Aimé Maeght, considerava l'opera di Auguste Rodin (1840-1917) come punto di partenza della scultura moderna. La carriera di questo artista cominciò con due scandali e culminava con una triste vicenda: il rifiuto d'esporre nel 1860 le *Masque de l'homme au nez cassé* — una terracotta che, all'origine si era spezzata in due — poi l'accusa nel gennaio 1877, vociferata dal giornale *L'Étoile belge*, di aver modellato su calco *L'Âge d'airain*, e infine la protesta sollevata dal monumento commemorativo al Balzac, commissionatogli dalla Société des Gens de Lettres. Rodin rese infatti un gesso dall'aspetto lacerato: un Balzac in albore, che provoca l'impressione di una massa in movimento.

L'esposizione presentava inoltre, attorno al 1900, parallelamente all'immediata posterità di Rodin, lo sviluppo progressivo d'un arcaismo di forme, con riferimento all'arcaismo greco. Bourdelle introduce un modello differente da quello di Rodin, come lo mostrava la *Pénélope* (1909) in questa esposizione, dall'aspetto tarchiato della Grecia del IV secolo avanti Cristo, dal drappeggio rigido e simmetrico, che dissimulava il corpo.

Le opere di Maillol esposte, *Ile de France* (1925), *Marie* (1931) attestavano l'inizio d'una scultura fondatasi su due correnti antagoniste — una cristallizzata nell'opera di Rodin e l'altra nella problematica del primitivismo. Maillol privilegia gli effetti del volume e della struttura, praticando il taglio diretto nel legno, senza effetti di destrezza, mettendo l'accento sul rapporto tra il materiale grezzo, la rusticità dell'esecuzione e il motivo alla Gauguin.

Alcuni artisti, come Picasso per esempio, conosceranno la scultura di Gauguin, da Vollarde al Salon d'Automne del 1906. La maniera differente di Gauguin rispetto a quella di Rodin e Cézanne — l'elemento primitivo che si oppone a quello costruito di Rodin e al tocco di Cézanne — ha influenzato Matisse, Picasso e Derain. Se in effetti nelle prime opere di Matisse (*Le Serf*, 1900-1903) e di Picasso (*Le Fou*, 1905) si può rilevare una forma classica, in seguito si può constatare un'interesse per il taglio diretto e eventualmente il passaggio dal bronzo al legno. Matisse realizza quattro *Nus*, due dei quali *Nu II (1913)* et *Nu IV* (1930) furono esposti. Picasso privilegia invece un arte geometrica e sintetica evolvendo

progressivamente verso un primitismo africano, sconosciuto allo stesso Gauguin, benché iniziatore di questo gusto esotico. Brancusi concentra tutti gli elementi del primitivismo. Restio all'insegnamento di Rodin, si orienta verso una scultura di pietra dai volumi semplificati. Le sue teste ovali, *La Princesse X* (1916), *Mademoiselle Pogany III* (1933), tra il ritratto e il feticcio, presentano una similitudine formale con la scultura africana e quella di Gauguin. Brancusi passa dall'anatomia ad una forma allusiva. Il suo primitivismo raggiunge l'elemento primordiale. L'artista ritrova la forma essenziale (l'uovo) e ritorna ad un arte del primordio.

Dal 1912 al 1913, tutta la ricerca di Picasso si concentra nella pittura, i disegni e i collage. Tuttavia è il solo artista a far rinascere un cubismo scultoreo totalmente differente dalla sua scultura precedente. Sviluppa il collage in tre dimensioni per arrivare ad un collage spaziale. *Le Verre d'absinthe* (1914), del quale esistono numerose versioni, segna il carattere predatore di Picasso, che recupera operando una metamorfosi — la policromia è inerente a questo 'bricolage' — dei semplici oggetti. Picasso è attento al carattere fisico e realista dell'oggetto, fino quasi a trasgredirlo. Gargallo e Gonzales si sono appropriati del cubismo per eseguire delle sculture in metallo, costituite di trucioli storti di rame, praticando il controrilievo. Gonzales realizza anche delle sculture in ferro con saldatura autogena.

Marcel Duchamp opera una svolta radicale nella storia con i suoi ready-made (*Roue de bicyclette*, 1913, *Porte-Bouteille*, 1914). L'oggetto diviene un punto di riferimento decisivo per la scultura, ormai dissacrata.

Appare poi la meccanizzazione. Boccioni preconizza l'uso di tutti i tipi di materiale, legno, carta, vetro, metallo, applicando la sua teoria del dinamismo plastico.

La Fondazione dava anche grande spazio a degli artisti quali Gabo, Pevsner, Tatlin, Moholy-Nagy, Kobro, Steinberg, Rodtchenko che utilizzavano, nelle loro costruzioni spaziali a carattere geometrico, i più moderni materiali dell'epoca, plastica, ferro, acciaio, vetro. La scultura si alleggerisce, la trasparenza e il movimento appaiono insieme nella *Hängende Konstruktion* de Rodtchenko, *Construction linéaire* de Gabo. L'uso di questi

◀ *Alexander Calder, «L'Haltérophile», 1930-1944, bronzo, altezza: 21 cm.*

nuovi materiali provoca uno sconvolgimento radicale della tradizione, stabilita sin dalla più alta antichità, cosí come lo provoca, in un altro modo, il surrealismo con le sue opere ispirate dall'immaginario e dall'inconscio. Miró, Ernst e Giacometti partecipano a questo importante movimento degli anni venti.

Calder rintroduce il movimento nella scultura. «L'arte di Calder è la sublimazione d'un albero al vento», scrive Duchamp, che darà il titolo di *mobili* alle sue costruzioni mosse dall'aria.

Arp utilizza delle figure insolite e simboliche, ritaglia i suoi rilievi nel legno, poi esegue in gesso quelle che chiamerà più tardi *Concrétions humaines*, sculture a tutto tondo adagiate al suolo (*Le Torse* 1931, *Pépin géant* 1937).

Joan Miró, «Nord-Sud», 1917, olio su tela, 62 × 70 cm.

«Tuttavia, concludeva Jean Louis Prat, direttore della Fondazione verso gli anni trenta, Matisse, Laurens, Lipchitz, Marini, Zadkine, Picasso ritornano ad una certa tradizione, il bronzo riappare, le opere annunciano una nuova tendenza, un nuovo equilibrio che si potrà affermare solamente dopo la guerra, nel 1945. La scultura avrà di nuovo dei committenti, e troverà spazio negli ambienti architettonici.»

La Fondazione ha inoltre più volte reso omaggio a Joan Miró, uno degli artisti all'origine di questa avventura. Importanti esposizioni gli sono state consacrate nel 1968, 1973, 1979 e l'ultima nel 1990, dove sono state esposte le sue pitture, fino ad allora mai presentate in modo cosí completo. Per la prima volta, in effetti, i collezionisti e i musei di tutto il mondo avevano accettato di prestare, il tempo d'una retrospettiva, alcune opere mai presentate in Francia, e neanche al pubblico, prima d'allora. In tutto sono state esposte 120 opere: pitture, tempere, disegni, come *Nord Sud*, *La Ferme*, *Carnaval d'Arlequin*, *Intérieur hollandais*, *Une étoile caresse le sein d'une négresse*...

1. André Malraux « Lettre à Roger Caillois », nel catalogo *Le Musée imaginaire* d'André Malraux, Maeght éditeur, Parigi, 1973.
2. Jean Leymarie, *Bonnard dans sa lumière*, collezione Archives, Maeght éditeur, Parigi 1978.

Joan Miró, «Naissance du jour I», 1964, olio su tela, 146 × 113,5 cm.

Lista delle esposizioni organizzate dalla Fondazione Maeght

1964 «Inaugurazione della Fondazione Maeght» * . . . . 28 luglio

1966 «Dix ans d'art vivant 1945-1955» * . . . . aprile-maggio
«Wassili Kandinsky», retrospettiva * . . . . luglio-settembre

1967 «Dix ans d'art vivant 1955-1965» * . . . . maggio-luglio
«Hommage à Marc Chagall», retrospettiva * . . agosto-settembre

1968 «Art vivant 1965-1968» * . . . . aprile-giugno
«Joan Miró», retrospettiva * . . . . luglio-settembre
«Simon Hantaï» * . . . . dicembre-gennaio

1969 «Alexander Calder», retrospettiva * . . . . aprile-maggio
«Peintres-illustrateurs, livres illustrés modernes depuis Manet» * . . . . giugno-luglio
«À la rencontre d'Henri Matisse», retrospettiva * . . . . luglio-settembre

1970 «À la rencontre de Pierre Reverdy» * . . . . marzo-aprile
«L'art vivant aux États-Unis» * . . . . luglio-settembre
«Jean-Paul Riopelle, grands formats» . . . . dicembre-gennaio

1971 «René Char» * . . . . aprile-maggio
«Une école, une fondation» . . . . giugno
«Hans Hartung, grands formats» * . . . . giugno-luglio
«Hommage à Georges Rouault» * . . . . luglio-settembre
«Paul Rebeyrolle» * . . . . dicembre-gennaio

1972 «Lars Fredrikson» * . . . . febbraio-marzo
«Titina Maselli» * . . . . marzo
«Donation Gonzales» * . . . . giugno-luglio
«Nicolas de Staël», retrospettiva * . . . . luglio-settembre
«Maeght éditeur» * . . . . dicembre-gennaio

1973 «Jean-Claude Farhi» * . . . . febbraio-marzo
«Louis de Brocquy» * . . . . marzo-aprile
«Joan Miró, sculptures et céramiques» * . . . . aprile-giugno
«Le musée imaginaire d'André Malraux» * . . . . luglio-settembre
«Bram Van Velde», retrospettiva * . . . . dicembre-gennaio

TC

◀ *Pierre Tal-Coat, «Grand tracé II», 1955, olio su tela, 96 × 200 cm.*

1974 «Claude Garache» * . . . . febbraio-marzo
«Pol Bury, 25 tonnes de colonnes» * . . . . marzo-maggio
«Zoltan Kemeny», retrospettiva * . . . . .marzo-maggio
«X[e] anniversaire de la Fondation Maeght» * . . . .luglio-settembre

1975 «L'Art graphique à la Fondation Maeght» * . . . . gennaio-marzo
«Bonnard dans sa lumière», retrospettiva * . . . . luglio-settembre
«Louis Gosselin» * . . . . dicembre-gennaio
«Jean-Luc et Titi Parant» * . . . . .dicembre-gennaio

1976 1976 «Daily Bul and Co» * . . . . febbraio-marzo
«Henri Michaux», retrospettiva * . . . . .aprile-giugno
«Antoni Tàpies», retrospettiva * . . . . .luglio-settembre
«Hommage à Gonzalez» * . . . . .dicembre-gennaio

1977 «Jean-Michel Meurice» * . . . . gennaio-febbraio
«Jacques Monory - Opéras glacés» * . . . . gennaio-febbraio
«Marc Chagall. Livres. Gravures originales
pour Aragon et Malraux» * . . . . aprile-maggio
«Jean Messagier» * . . . . giugno-luglio
«Paul Klee», retrospettiva * . . . . luglio-settembre

1978 «Raoul Ubac», retrospettiva * . . . . marzo-maggio
«Alberto Giacometti», retrospettiva * . . . . luglio-settembre
«Georges Braque - Œuvre graphique» * . . . . . dicembre-febbraio

1979 «Saül Steinberg», retrospettiva * . . . . marzo-aprile
«Richard Lindner», retrospettiva * . . . . maggio-giugno
«Joan Miró, peintures, dessins,
sculptures 1956-1979» * . . . . luglio-settembre
«Bernard Moninot» * . . . . dicembre-gennaio

1980 «Dessins de la Fondation Maeght» * . . . . marzo-maggio
«Georges Braque», retrospettiva * . . . . luglio-ottobre

1981 «Hommage à Pablo Picasso» . . . . aprile-giugno
«Sculptures du XXe siècle : 1900-1945 » * . . . . luglio-ottobre

1982 «L'Univers d'Aimé et Marguerite Maeght» * . . . . . .luglio-ottobre
«Karel Appel et Pierre Alechinsky - Encres
à deux pinceaux» * . . . . dicembre-gennaio

1983 «Anne Madden, peintures et papiers récents» * . febbraio-marzo
«Sam Francis, peintures et monotypes» * .... marzo-maggio
«Louis Cane, œuvres récentes» * .... maggio-giugno
«Max Ernst» * .... luglio-ottobre

1984 «Hommages à Joan Miró, peintures,
sculptures, dessins» *......................... marzo-maggio
«Robert Rauschenberg, œuvres récentes» * ..... maggio-giugno
«Marc Chagall, rétrospective
de l'œuvre peint» *.............................luglio-ottobre

1985 «FRAC, Provence-Alpes-Côte-d'Azur,
deux ans d'acquisitions» * .... febbraio-marzo
«Piet Mondrian» *........................... marzo-maggio
«Christo - Surrounded Islands», disegni,
piante, foto, modelli * .... maggio-giugno
«Jean Dubuffet», retrospettiva * ....luglio-ottobre

1986 «Peintres-illustrateurs du XXe siècle, Aimé Maeght bibliophile»,
200 edizioni originali * .... marzo-maggio
«Jasper Johns : l'œuvre graphique,
100 œuvres de 1960 a 1985» * .... maggio-giugno
«Un musée éphémère, collections privées
françaises, 1945-1985» * .... luglio-ottobre

1987 «Jean Bazaine» * .... marzo-aprile
«Domenico Gnoli», retrospettiva * .... maggio-giugno
«À la rencontre de Jacques Prévert» * .... luglio-ottobre

1988 «Cabinet des dessins de la Fondation Maeght» * marzo-maggio
«Le Peintre et l'affiche : de Lautrec à Warhol» * maggio-giugno
«Fernand Léger», retrospettiva *................ luglio ottobre

1989 «Arts de l'Afrique noire,
collection Barbier-Mueller» *................. marzo-maggio
«L'Œuvre ultime : de Cézanne à Dubuffet» * .... luglio-ottobre

1990 «Un musée - une fondation, collection du musée
d'Art moderne de Saint-Etienne» * .... febbraio-aprile
«Jean-Paul Riopelle. D'hier et d'aujourd'hui» * .. aprile-giugno
«Joan Miró : rétrospective de l'œuvre peint» * ... luglio-ottobre

1991 «Cabinet des dessins de la Fondation Maeght» . febbraio-giugno
«Nicolas de Staël», retrospettiva * .... luglio-settembre

1992 «Art millénaire des Amériques,
collection Barbier-Mueller» * .... aprile-giugno
«L'Art en mouvement» * .... luglio-ottobre

1993 «Collection de la Fondation Maeght:
Un choix de 150 œuvres» * .... luglio-ottobre

1994 «Trentième anniversaire de la Fondation Maeght
Georges Braque: rétrospective» * .... luglio-ottobre

1995 «Bacon-Freud: Expressions» * .... luglio-ottobre

1996 «Germaine Richier», rétrospective * .... aprile-agosto

1997 «La sculpture des peintres» * .... luglio-novembre

1998 «Cour Henri Laurens
Fonds Pierre Reverdy» .... maggio-giugno
«Otto Dix: Metropolis» * .... uglio-ottobre

1999 «Vision nouvelle d'une collection» * .... luglio-novembre

2000 «Sam Szafran» * .... febbraio-aprile
«Paul Rebeyrolle» * .... aprile-giugno
«Le Nu au XXe siècle» * .... luglio-ottobre

2001 «Joan Miró: Métamorphoses des formes» * ...... aprile-giugno
«Kandinsky», rétrospective * .... luglio-ottobre

2002 «Miquel Barceló: Mapamundi» * .... aprile-giugno
«Henri Moore», rétrospective * .... luglio-novembre

2003 «Arles et la photographie» * .... febbraio-marzo
«La Russie et les avant-gardes» * .... luglio-novembre

** Un catalogo è stato pubblicato all'occasione di questa esposizione.*

VI

LE SERATE DELLA FONDAZIONE

nuits de la fondation maeght

saint-paul (a.m.)

trois concerts:	4 août 21 h 30	5 août 21 h 30	7 août 21 h 30
	quatuor parrenin **francis pierre**, harpiste œuvres de **berg, debussy, maderna** **miroglio** (1ère audition) **strawinsky**	**yuji takahashi**, pianiste œuvres de **schönberg, cage** **takemitsu** (1ère audition) **boulez, messiaen** **takahashi** (1ère audition) **xenakis**	**geneviève roblot**, soprano **ensemble instrumental** **de musique contemporaine de paris** direction : **konstantin simonovitch** œuvres de **varese, webern, philippot, kotonski** **guézec, stockhausen**

prix des places : 30, 20, 15 et 5 f _ abonnement aux 3 concerts : réduction de 10 %

location : **fondation maeght** **saint-paul** 32 81 63 — **guglielmi, piano** 8 rue lépante **nice** 85 16 24 — **delrieu,** disques 45 av de la victoire **nice** 88 61 96 — **syndicat d'initiative** 13 place masséna **nice** 85 25 22 — **radio phonola** 42 bld desmoulins **monte-carlo** 30 65 26 — **pathé-marconi** 5 bis pl du général de gaulle **antibes** 34 02 56 — **delbouis,** disques 50 bld de la république **cannes** 38 44 59

Aperta a tutte le forme d'arte contemporanea, la Fondazione Maeght ha accolto delle manifestazioni musicali.

Le ''Nuits'' della Fondazione Maeght ebbero luogo dal 1965 al 1970, ogni anno, da luglio ad agosto, nel cortile Giacometti. La direzione artistica fu affidata al compositore Francis Miroglio, che incontrerà Aimé Maeght grazie ad Alexander Calder.

Nel marzo del 1965, Francis Miroglio creava per i Balletti dell'Opera di Marsiglia, la musica d'*Eppur si muove* del coreografo Joseph Lazzini e domandò a Calder di realizzare dei modelli di due *stabili* e di un *mobile*. Alla fine della rappresentazione, l'artista parlò a Francis Miroglio della Fondazione Maeght, inaugurata l'anno precedente, suggerendogli di visitare il luogo.

«L'ho visto e sono stato abbagliato, ma ho sentito, con il brusio della tramontana tra i pini, le specificità acustiche del cortile Giacometti. Immediatamente, un pensiero s'impose: è il luogo ideale per sentire e fare ascoltare la musica oggi [1].»

Ritornando a Parigi, gli amici di Calder e di Jean Laude facilitarono il primo incontro con Aimé Maeght, al quale espose il suo progetto.

«Lei anticipa il mio desiderio di introdurre la musica nella Fondazione, ma credo che sia ancora troppo presto. Rivenga più tardi», fu la prima risposta d'Aimé Maeght.

Quando un mese più tardi, i due uomini s'incontrarono, Aimé Maeght emise ancora delle riserve: «Troppe cose devono essere ancora realizzate alla Fondazione prima di farvi entrare la musica, ma certamente ne riparleremo.»

Convinto della riuscita della sua idea, Francis Miroglio stabilí tuttavia tre programmi di concerti minutati e cifrati, che comprendevano qualche audizione e li presentò a Aimé Maeght, l'indomani mattina.

In qualche minuto, quest'ultimo prese conoscenza della proposta, pose qualche domanda pratica, riflettè, poi dichiarò: «Sono programmi eccellenti. D'accordo! Il miglior periodo a Saint-Paul, è fine luglio, inizio d'agosto. Andiamo a domandare a Miró la copertina del programma».

◀ *Joan Miró, affiche originale delle «Nuits de la Fondation Maeght», 1965, litografia, 88,5 × 55,5 cm.*

Il mese di maggio stava per finire, la proposta era rischiosa, ma l'entusiasmo e la determinazione d'Aimé Maeght furono tali, che nel luglio del 1965, per il suo primo anniversario, la Fondazione Maeght accolse la musica contemporanea.

· In un articolo pubblicato dopo la morte d'Aimé Maeght nella *Quinzaine littéraire*, nell'ottobre 1981, Francis Miroglio ricordava: «Le serate proponevano, oltre qualche opera di referenza del XX secolo, le cui interpretazioni anticiparono e introdussero una nuova lettura, alcune creazioni con partizioni scritte dai più importanti compositori del nostro tempo. Queste prime mondiali, le cui esecuzioni minuziosamente studiate contribuirono alla fama del festival, nacquero con un pubblico, la cui ricettività era affinata dall'atmosfera stessa del luogo, la visione della pittura, il lento dondolío dei mobili, l'ombra color pastello delle sculture sulle terrazze. (...) Le arti della parola, poesia e teatro, trovarono in questo ambiente, il luogo ideale per leggere e dialogare, la scena per recitare (...) La componente essenziale di questa apertura, suscitata dall'atmosfera di queste serate, fu tuttavia la meno spettacolare, la parte invisible al pubblico. Tra i pini della collina, seduti sui muretti o sotto lo sguardo d'un menate melomane, alcuni compositori conversavano con i pittori, discutevano con gli scultori, i poeti si liberavano della loro diafana ossessione; i coreografi si confrontavano con i professionisti del teatro, alcuni jazzmen neri si confrontavano coi musicisti europei (...) Una dinamica di collaborazioni e confluenze tra le differenti specializzazioni artistiche — musica, arti plastiche, poesia, danza, teatro, cinema, tutte presenti nelle attività della Fondazione — si approfondiva col passar dei festivals...

Sfogliando i programmi, le cui copertine furono affidate a pittori e i testi di presentazione a poeti o scrittori, si può immaginare quale fu, all'epoca, lo spirito intraprendente di questo festival, che presentando differenti tipi di musica ha rivelato alla Francia alcuni grandi compositori e solisti.

1965

4 agosto, il quartetto *Parrenin*, con l'arpista Francis Pierre, interpreta alcune opere di Berg, Debussy, Maderna, Miroglio, Schönberg e Stravinsky.
5 agosto, Yuji Takahashi, pianista giapponese, interpreta alcune opere di Boulez, Cage, Messiaen, Xénakis e delle creazioni di Takemitsu e Takahashi.
7 agosto, *l'Ensemble instrumental de musique contemporaine de Paris* diretto da Simonovitch, con Geneviève Roblot, soprano, interpreta delle opere di Guezec, Kontonski, Philippot, Stockhausen, Varese e Webern.

1966

31 luglio, il gruppo *Ars Nova*, diretto da Marius Constant interpreta delle opere d'Ives, Ohana, Paccagnini, Schönberg e delle creazioni di Ballif e di Trow.
2 agosto, l'orchestra del *Domaine Musical* diretta da Gielen, con la solista Yvonne Loriod, interpreta alcune opere di Weber e delle creazioni d'Arrigo, De Pablo e Mefano.
3 agosto un gruppo di solisti interpreta, in prima audizione, alcune opere di Guyonnet, Miroglio, Stockhausen e Xénakis.
1er, 3, 5, 6 e 7 agosto, la *Merce Cunningham Dance Company,* che per la prima volta partecipa ad un festival europeo, danza sulle musiche di John Cage, de La Monte Young e di Gordon Mumma.

1967

È presentata una esposizione consacrata a René Char e nello stesso tempo vengono organizzate delle manifestazioni teatrali.

Aimé Maeght e John Cage nel 1966.

◀ Ripetizione di *Merce Cunningham nel cortile Giacometti, nel 1966.*

Da sinistra a destra: Merce Cunningham, John Cage, Francis Miroglio, Carolyn Brown, Geneviève Roblot e Aimé Maeght durante il secondo festival delle «Nuits de la Fondation», nel 1966.

3 agosto, il pianista Claude Helffer interpreta le opere di Berg, Webern, Amy, Bartok e alcune creazioni di Bertoncini, Tremblay e Evangelisti.
4 agosto, la compagnia di danza contemporanea *Sara Pardo* esegue quattro balletti sulle musiche di De Pablo, Gorecki, Webern e Varese.
5 agosto, lettura delle poesie di René Char, recitate dalla compagnia teatrale Jacques Guimet, messa in scena di Francis Arnaud.
6 agosto, il complesso *Musique vivante* diretto da Diego Masson, con il soprano Geneviève Roblot, interpreta Boulez, e delle opere in creazione di Nilsson, Clementi, Haubenstock-Ramati e Shinohara.
9 agosto, il *Quatuor à percussions de Paris*, con il trombonista Globokar interpreta, in prima audizione francese le opere di Rotter, Nono, Berio, Globokar e Brown.

NUITS DE LA FONDATION MAEGHT

SAINT-PAUL

IIIe FESTIVAL INTERNATIONAL DE MUSIQUE ET D'ART CONTEMPORAINS

CONCERTS BALLETS POESIE CINEMA

10 CREATIONS ET 13 PREMIERES AUDITIONS

3 Août 21 h 30
CLAUDE HELFFER pianiste
Berg Webern Amy Bertoncini
Tremblay Evangelisti Bartok

4 Août 21 h 30
COMPAGNIE DE DANSE CONTEMPORAINE SARA PARDO
Yves De Pablo Gorecki Webern
Garcia Lorca Varese

5 Août 21 h 30
COMPAGNIE JACQUES GUIMET
RENE CHAR
Poete de notre temps

6 Août 21 h 30
ENSEMBLE MUSIQUE VIVANTE
GENEVIÈVE ROBLOT soprano
Direction DIEGO MASSON
Shinohara Haubenstock-Ramati
Clementi Nilsson Boulez

9 Août 21 h 30
QUATUOR A PERCUSSION DE PARIS
VINKO GLOBOKAR trombone
Rotter Berio Globokar Brown Nono

10 Août 21 h 30
SEVERINO GAZZELLONI flûtiste
BRUNO CANINO pianiste
Renosto Matzudaira Yun Castiglioni
Kotonski Miroglio

11 Août 21 h 30
ENSEMBLE ARS NOVA DE L'ORTF
IVRY GITLIS violoniste
Direction ERNEST BOUR
Schœnberg Mestral Benhamou
Kœring Varese

Spectacle permanent
avec films sur
Bazaine Cage Calder Cesar Chagall Ernst
Etienne-Martin Hartung Kagel Michaux
Nono Stockhausen Strawinsky Viseux

HOMMAGE A MARC CHAGALL DANS LES SALLES DU MUSEE ILLUMINE

Prix des places (avec visite du musée) Concerts 25 F - [illegible] F Ballets 30 F - 10 F
Poesie 15 F - 8 F Abonnement reduction [illegible]

[illegible] spéciaux à la gare des autobus de Nice Parking assure

Pour tous renseignements et locations s'adresser à :

SAINT-PAUL	PARIS	NICE	CANNES	ANTIBES	JUAN-LES-PINS
Fondation Maeght	Fondation Maeght	Syndicat d'initiative	Agence Havas	Office du Tourisme	Office du Tourisme
Tel [illegible]	9 rue Berryer	Hall Agence Havas	3 rue Maréchal Foch	Place de Gaulle	Square Gourbet
	Tel 2[illegible]7 16 92	13 place Massena	Tel 39 [illegible]	Tel 34 [illegible] 35	Tel 34 64 [illegible]
		Tel 65 47 89			

Avec la participation de l'ORTF

◀ *Marc Chagall, affiche originale delle «Nuits de la Fondation Maeght», 1967, a partire da un lavis, offset, 65 × 25 cm.*

10 agosto, il flautista italiano Severino Gazzelloni e il pianista Bruno Canino propongono un recital con le opere di Renosto, Matsudaira, Yun, Castiglioni, Kontonski e Miroglio.
11 agosto, il complesso Ars Nova, diretto da Ernest Bour, con il violinista Ivry Gitlis, interpreta alcune opere di Schönberg, di Varese e crea delle partizioni di Mestral, Benhamou, Koering.

1968

22 luglio, la Fondazione accoglie il *Concert Irregular* di Joan Brossa, musiche di Carlos Santos, messa in scena di Portabella, decori e costumi di Joan Miró.

1969

Una serie di proiezioni di film d'arte sperimentali è associata al festival.

Ripetizione del gruppo Ars Nova, diretto da Ernest Bour, per il concerto offerto l'11 agosto 1967, nel cortile Giacometti.

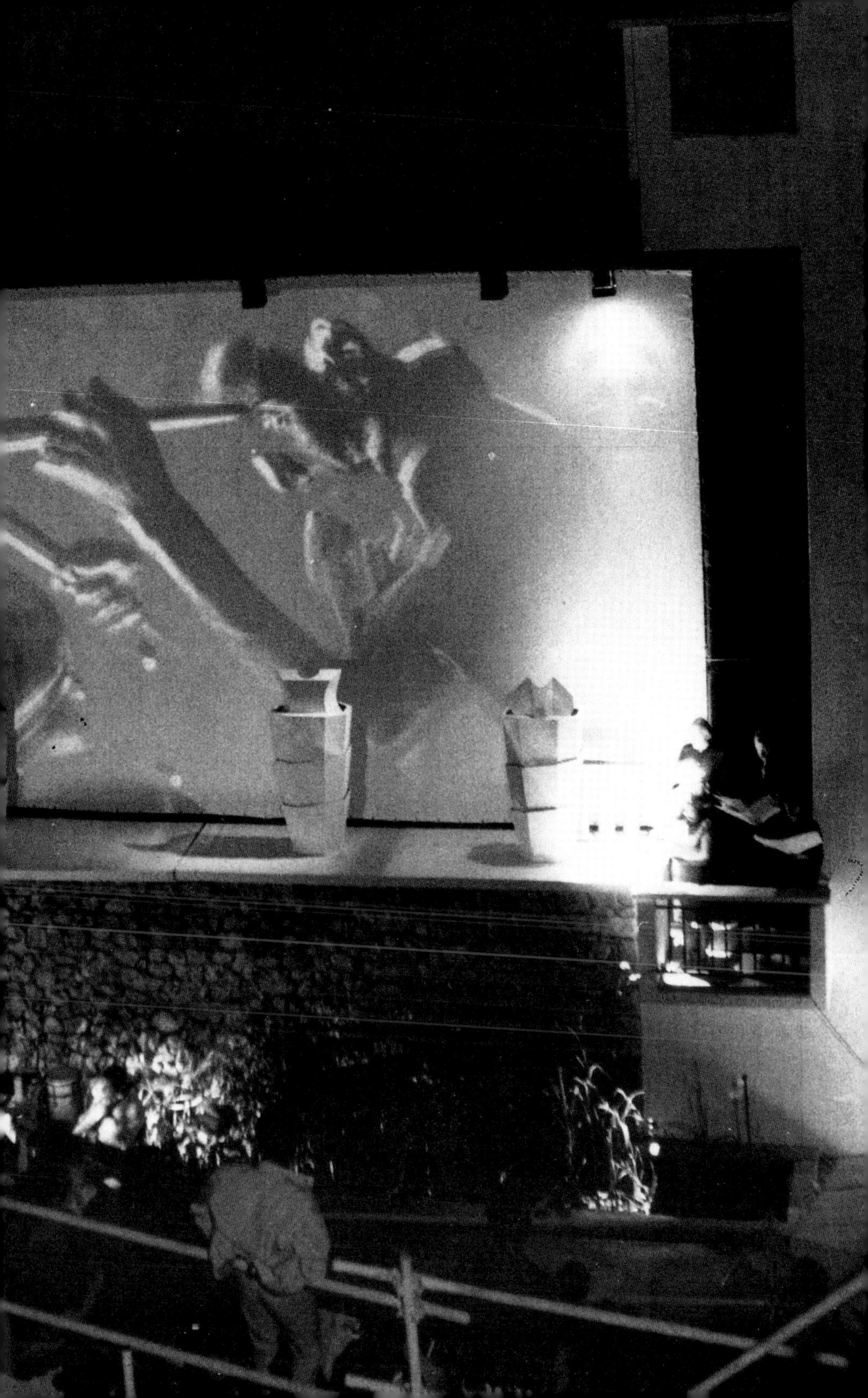

◀ Prima mondiale di *Tremplin* di Francis Miroglio nel cortile Giacometti, con una messa in scena luminosa dell'orchestra, nel 1969.

Cecil Taylor e Aimé Maeght, il 28 luglio 1969.

21 e 23 luglio, il complesso *Musique vivante* diretto da Diego Masson con quattro cantanti (Marie-Thérèse Cahn, Geneviève Roblot, Luis Masson, Jean-Marie Gourlou) interpreta in prima mondiale due opere del teatro musicale di Haubenstock-Ramati e Miroglio, messa in scena di Jacques Polieri, con le pitture proiettate d'Alain Le Yaouane.
22 luglio, il complesso *Musique vivante* e alcuni solisti diretti da Diego Masson, interpretano Webern, Kagel, in prima francese e Arrigi, Guezec, De Pablo in prima mondiale.
25 e 27 luglio, creazioni d'opere di Ferrari e di Koering.
26 luglio, quattro prime mondiali di Kerlheinz Stockhausen dirette da Harold Boje, Roy Art, Michaël Vetter e un complesso di solisti.
28 e 29 luglio, Cecil Taylor e il suo gruppo, per due volte, hanno riempito delle loro sonorità il cortile Giacometti.

Il compositore Karlheinz Stockhausen alla Fondazione, il 26 luglio 1969.

NUITS DE LA FONDATION MAEGHT
Les Etats Unis
musique contemporaine - ballets - events
16 juillet - 5 août 1970
STEINBERG

◀ *Saül Steinberg, affiche originale delle «Nuits de la Fondation Maeght», 1970, litografia con doratura, 89 × 57,5 cm.*

1970

Si tiene, nello stesso tempo, l'esposizione «L'Art vivant aux États-Unis», che propone degli spettacoli consacrati al cinema «underground» americano e una serie di «events» d'artisti americani.

16 luglio, il compositore e direttore d'orchestra americano Lukas Foss alla direzione del *Evening for New Music Ensemble* interpreta Lukas Foss e Joël Chabade con una animazione plastica di Robert Israël «M.A.P.».
17,18,19 e 21 luglio, balletti e «events» della *Merce Cunningham Dance Company* su delle musiche d'Oliveros, Cage, Mumma e Tudor; decori di Jaspers Johns, Robert Morris e Frank Stella.
20 luglio, il complesso *Ars Nova* e *l'Evening for New Music Ensemble* sono riuniti per interpretare alcune prime mondiali di Hiller, Feldman, Brown, Foss e Reynolds.

Il teatro sperimentale gonfiabile di Hans Walter Müller, installato durante le «Nuits de la Fondation Maeght» nel 1970.

◀ *Sun Râ, in concerto, il 3 agosto 1970.*

---

22 luglio, *l'Evening for New Music Ensemble* esegue delle opere di Burge, Carter, Williams, Behrman, Budd e Albright, che sono delle prime europee o mondiali. In questa occasione sono presentate diverse «performances» di Carl André, Hans Haacke e Robert Whitman.
25 e 27 luglio, si esibisce il *Sextet Albert Ayler*.
28 luglio, all'iniziativa di Silvia Monfort, si tiene il "convegno generale" della professione teatrale, consacrato alla creazione teatrale in Francia.
29 luglio e 4 agosto, presenza di La Monte Young e le sue frequenze illimitate.
3 e 5 agosto, un concerto della *Sun Râ Arkestra*, che esegue un jazz insolito in un teatro sperimentale gonfiabile, concepito da Hans Walter Müller.

Le serate della Fondazione Maeght offrirono una attività creatrice multiforme. Gli auditori e spettatori affascinati, ne conservarono un ricordo straordinario. Purtroppo tali iniziative oltrepassarono le possibilità finanziarie della fondazione. Nel 1971, fu necessario mettere un termine a tali esperienze, malgrado gli eccellenti risultati di difesa e illustrazione della musica contemporanea.

Dopo la morte di suo padre, Adrien Maeght ha tentato, nel 1984, di ridar vita a questo festival. Aveva chiesto a Strejinsky, studioso di acustica all'università di Ginevra, di creare un palcoscenico con grandi riflettori acustici, per evitare i difetti che avevano disturbato gli interpreti durante le prime serate. Per cinque anni, una nuova serie di concerti eseguiti sulla direzione di Blaise Calame, ha dato l'occasione di apprezzare alcune creazioni mondiali d'importanti compositori e interpreti, come Mstislav Rostropovitch, Luciano Berio, Jean-Claude Risset, Emmanuel Krivine, Frédéric Lodéon, Michel Portal, Margaret Price, Karlheinz Stockhausen. Ma, ancora una volta, bisognava rendersi all'evidenza delle finanze...

1. Francis Miroglio, Cahier du CREM.

Aimé Maeght, amatore di film.

VII

I FILM D'ARTE

*«*Raoul *Ubac»,*
una scena del film di Caroline Laure e Franco Lecca, 1972.

Dal 1969, Aimé Maeght, appassionato di fotografia e di cinema, attorniato d'artisti divenuti amici, decise di produrre dei film consacrati all'arte. All'immagine della Fondazione, luogo adatto ad accogliere l'arte in tutte le sue forme, Aimé Maeght si interessò, grazie alla cinepresa, a svariati campi artistici. L'attrazione per l'arte contemporanea e il desiderio di farla apprezzare è stata la motivazione che fortemente lo determinò in questa scelta.

Aimé Maeght produsse una trentina di cortometraggi e lungometraggi, visibili al cinema della Fondazione, e affidò la realizzazione di questi reportage a diversi cineasti, Francesc Catala Rocca, Clovis Prévost, Jean-Michel Meurice, Raoul Sangla, Ernst Scheidegger, Carlos Vilarderbo.

Furono anche filmate le Serate della Fondazione del 1969 e 1970. Il film è allora lo strumento ideale per immortalare momenti particolari come quelli di Cecil Taylor, Terry Riley, Albert Ayler o Sun Râ in concerto.

Alcuni film presentano il lavoro quotidiano di artisti come Raoul Ubac, nel momento di tracciare dei solchi nella sabbia, Alexander Calder mentre dirige in una fabbrica il montaggio di uno *stabile* monumentale, Joan Miró mentre lavora alla sua ceramica murale d'Osaka, in Giappone.

Alcuni pittori e scultori sono divenuti anche loro dei cineasti. Pol Bury realizzò, per esempio, diversi film tra cui *Une leçon de géométrie plane* e Valerio Adami, *Vacances dans le désert*.

La migliore riuscita in questo campo è stata, senza dubbio, la serie di tre lungometraggi affidata a André Malraux: *Les Métamorphoses du regard*. In tre parti, *Les Dieux de la nuit et du soleil*, *Les Maîtres de l'irréel*, *Le Monde sans dieux*, lo scrittore s'interroga sul senso dell'arte, da Lascaux fino ai nostri giorni.

Lista dei film

SERATE DELLA FONDAZIONE MAEGHT, 1969

• *Free Jazz: Concerto Cecil Taylor*
3 film 16 mm colore di 26', 1969-70
1 film di 1 h 30'
Realizzazione: Raoul Sangla

• *Cette nuit là, les hommes marchèrent sur la Lune*
1 film 16 mm colore di 18', 1969-70
Realizzazione: Carlos Vilarderbo

SERATE DELLA FONDAZIONE MAEGHT, 1970

• *Free Jazz: Concerto Lukas Foss*
1 film 16 mm colore di 59', 1970
Realizzazione: Jean-Michel Meurice

• *Film constat: Terry Riley*
1 film 16 mm colore di 48', 1970
Realizzazione: Jean-Michel Meurice

• *Albert Ayler : le dernier concert*
1 film 16 mm colore di 51', 1970-71
Realizzazione: Jean-Michel Meurice

• *Sun Râ*
1 film 16 mm colore di 55', 1971
Realizzazione: Jean-Michel Meurice

ESPOSIZIONE «ART VIVANT AUX ÉTATS-UNIS»

• *Dans une heure et demain peut-être*
1 film 16 mm colore di 52', 1970
Realizzazione: Jean-Michel Meurice

FONTI D'ARTE CONTEMPORANEA

• *La couleur de la revue blanche*
1 film 16 mm colore di 13', 1969-70
Realizzazione: Huguette Marquand-Ferreux

• *Gaudi*
1 film 16 mm colore di 30', 1969-1970
Realizzazione: Clovis Prévost

• *À bas les murs du silence (Les graffiti)*
1 film 16 mm colore di 38', 1970
Realizzazione: Clovis Prévost e William Mac Lean

• *Les Métamorphoses du regard*
— Les Dieux de la nuit et du soleil
— Les Maîtres de l'iréel
— Le Monde sans Dieux
3 film 16 mm colore di 3 × 52', 1974
Partecipazione di Pierre Dumayet e Walter Langlois
Realizzazione: Clovis Prévost

FILM CONSACRATI AGLI ARTISTI

• JOSEP LLORENS ARTIGAS: *céramique*
1 film 16 mm colore 23', 1969
Realizzazione: Francesc Catala Roca

• ALEXANDER CALDER: *portrait*
1 film 16 mm colore di 40', 1971
Realizzazione: Charles Chaboud

• MARC CHAGALL: *portrait*
Esposizione al Grand Palais
1 film 16 mm colore di 53', 1969
Realizzazione: Pierre Dumayet

• ALBERTO GIACOMETTI:
1 film 16 mm di colore 29', 1965-1966
Realizzazione: Ernst Scheidegger e Peter Münger

• ZOLTAN KEMENY :
1 film 16 mm colore, 1969
Realizzazione: Charles Chaboud

• JOAN MIRÓ, JOSEP LLORENS ARTIGAS: *céramique murale (Osaka 1970)*
1 film 16 mm colore di 12', 1970
Realizzazione: Francesc Catala Roca

• JOAN MIRÓ: *peinture murale (Osaka 1970)*
1 film 16 mm colore di 12', 1970
Realizzazione: Francesc Catala Roca

• JOAN MIRÓ: *l'altre*
1 film 16 mm colore di 29', 1970
Realizzazione: Pere Portabella

• JOAN MIRÓ: *lithographie d'une affiche*
1 film 16 mm colore di 18', 1971
Realizzazione: Clovis Prévost

• JOAN MIRÓ: *sculpteur*
1 film 16 mm colore di 38', 1973
Realizzazione: Clovis Prévost e Carlos Santos

• JOAN MIRÓ:
1 film 16 mm colore di 38', 1973
Realizzazione: Franco Lecca e Caroline Laure

• JOAN MIRÓ: *Forzea, sculptures*
1 film 16 mm colore di 30'
Realizzazione: Pere Portabella

• JOAN MIRÓ: *tapisserie*
1 film 16 mm, colore di 30'
Realizzazione: Pere Portabella

• JEAN-PAUL RIOPELLE: *portrait*
1 film 16 mm colore di 24'
Realizzazione: Pierre Schneider

• ANTONI TÀPIES:
1 film 16 mm di 32', 1969-1970
Realizzazione: Clovis Prévost

• RAOUL UBAC: *portrait*
1 film 16 mm colore di 34', 1972
Realizzazione: Caroline Laure e Franco Lecca

FILM REALIZZATI DAGLI ARTISTI

• *8500 tonnes de fer*
1 film 16 mm bianco e nero di 14', 1971
Realizzazione: Pol Bury e Clovis Prévost

• *Une leçon de géométrie plane*
1 film 16 mm bianco e nero di 13', 1971
Realizzazione: Pol Bury e Clovis Prévost

• *135 km/h*
1 film 16 mm bianco e nero di 16', 1972
Realizzazione: Pol Bury e Clovis Prévost

• *Vacances dans le désert I et II*
2 film 16 mm colore di 35', 1972
Realizzazione: Gian Carlo e Valerio Adami.

VIII

ALBUM DELLA FONDAZIONE

Marguerite Maeght accoglie Nadia Léger,
la sera dell'inaugurazione della Fondazione, il 28 luglio 1964.

Duke *Ellington* e *Joan Miró,*
alla Fondazione nel 1966.

◂ Duke *Ellington e Yoyo Maeght, luglio 1966.*

Georges *Braque e Isabelle Maeght nel 1963.*

Marc *Chagall, André Malraux e Aimé Maeght,*
davanti a «La Vie»,
all'epoca del vernissage «Hommage à Marc Chagall», agosto 1967.

Marguerite *Maeght, l'editore Tériade e sua moglie Alice, all'esposizione «Hommage à Marc Chagall», nel 1967.*

Marguerite *Maeght, Marc Chagall e Nadia Léger.*

Aimé Maeght prepara con Marc Chagall
e Vava Chagall
«Et sur la terre» di André Malraux,
negli atelier d'incisione, a Saint-Paul.

Félix *Zanutto e Simone Signoret alla Fondazione, giugno 1967.*

Aimé Maeght davanti a «Marylin, 1967» di Andy Warhol all'esposizione «Art Vivant 1965-1968», nel 1968.

Alexander Calder installa uno stabile nel giardino ▶
qualche ora prima dell'inaugurazione della retrospettiva a lui consacrata dalla Fondazione, nel 1969.

Max *Ernst alla Fondazione Maeght durante il convegno sul cinetismo, nel 1969.*

Sol Lewit allestisce «Cinq cubes», 1970,
Acciaio dipinto in bianco, 450 × 450 × 160 cm,
per l'esposizione «L'Art vivant aux États-Unis», nel 1970.

Aimé Maeght e Hans Hartung,
all'occasione dell'esposizione «Hans Hartung, grands formats», nel 1971.

Jean-Louis Prat, direttore della Fondazione, Georges Pompidou insieme a sua moglie, e Aimé Maeght, all'occasione della retrospettiva «Nicolas de Staël», nel 1972.

Visita d'Edgar Faure alla Fondazione, per l'esposizione «Le Musée imaginaire d'André Malraux», settembre 1973.

Bram Van Velde, Samuel Beckett e Aimé Maeght
durante la retrospettiva consacrata al pittore, nel 1973.

Ben e *Aimé Maeght al vernissage*
dell'esposizione «Daily Bul and Co», il 7 febbraio 1976.

Aimé Maeght e Saül Steinberg, durante la retrospettiva Steinberg, 10 marzo 1979.

Yoyo Maeght, Robert Rauschenberg e Adrien Maeght, al vernissage dell'esposizione Rauschenberg, nel 1984.

Adrien Maeght, Valerio Adami e Louis Cane, al vernissage dell'esposizione «Louis Cane, œuvres récentes», il 7 maggio 1983.

Da *sinistra a destra:*
Michel Guy, Jean-Louis Prat, Gustav Zumsteg,
Edmonde Charles-Roux, Emilio Miró, Isabelle e Adrien Maeght,
all'occasione dell'esposizione «Hommage à Joan Miró», marzo 1984.

Adrien Maeght e Dominique Bozo,
all'occasione della retrospettiva di Joan Miró, luglio 1990.

Isabelle Maeght e il nipote de Joan Miró, Emilio, la sera del vernissage dell'esposizione «Miró», luglio 1990.

M*arco Del Re, «Natura silente IX», 2002,*
tecnica mista su carta Népal, 100 X 121 cm.

IX

APPENDICI

Marguerite e Aimé Maeght alla Fondazione, 1976.

Marguerite e Aimé Maeght

Principali cenni biografici:

1906
Aimé Maeght nasce il 27 aprile a Hazebrouk (Nord). Figlio d'Alfred Maeght, impiegato alle Ferrovie dello Stato, e di Marthe Marguerite Roy. È il primogenito di una famiglia di cinque figli.

1909
Marguerite Devaye nasce il 25 agosto a Cannes. Figlia di François Davaye e d'Anna Fassone, negozianti. È la figlia minore d'una famiglia di tre figli.

1914 - 1925
Il padre d'Aimé Maeght muore in guerra. Sua madre — la casa di famiglia è stata distrutta — è rimpatriata dalla Croce-Rossa, con i suoi figli, a Lassalle (Gard).
Orfano di guerra, Aimé Maeght prosegue i suoi studi alla scuola media a Nîmes. S'interessa di musica moderna e suona in una orchestra di dilettanti.

1926 - 1929
Dopo aver proseguito gli studi all'Istituto tecnico di Nîmes, diviene disegnatore-litografo e parte per Cannes, dove lavora alla stamperia Robaudy. Incontra Marguerite Davaye, con la quale si sposa il 31 luglio 1928. Interessato dalla pubblicità realizza numerose affiche.

1930
Apertura della *Imprimerie des Arts*. Nascita d'un primo figlio, Adrien, il 17 marzo.

1932
Marguerite e Aimé Maeght aprono, nella rue des Belges, un negozio d'apparecchi radio e di decorazione. Primo incontro con Pierre Bonnard all'occasione della realizzazione di una litografia.

1936
Il negozio diviene, a poco a poco, una galleria, la galleria *Arte*, dove sono esposti dei pittori locali: Domergues, Lartigue, Pastour...

1939 - 1940
Mobilitato nell'infanteria di marina a Toulon, Aimé Maeght ritorna a Cannes dopo l'armistizio.

1941
La coppia stringe amicizia con Pierre Bonnard. Su consiglio di quest'ultimo, Aimé Maeght si dedica definitivamente al mestiere d'editore d'arte e di commerciante di quadri.

1942
Nascita del loro secondo figlio, Bernard, il 2 maggio.

1943
Incontro con Henri Matisse che realizzerà numerosi ritratti di Marguerite Maeght.

1945
In ottobre, Marguerite e Aimé Maeght aprono, 13, rue de Téhéran, a Parigi, una galleria che porta il loro nome, il cui direttore è Jacques Kober.
La mostra d'inaugurazione è consacrata a Matisse.
Appassionato d'edizione, Aimé Maeght pubblica le prime opere della collezione *Pierre à feu* (raccolte di poesie e prosa, accompagnate d'illustrazioni). Questa collezione sarà completata da alcune monografie (Bazaine, Chagall, Kandisnsky, Miró).

1946
Mostra collettiva: *Sur quatre murs*, con Bonnard, Matisse, Picasso, Braque, Léger, Rouault, Gris...
Prima grande edizione originale: *Description d'un combat* di Franz Kafka, illustrata d'Atlan.
Mostra *Le noir est une couleur*, il cui catalogo costituisce il primo numero di *Derrière Le Miroir* (Quaderno in gran formato illustrato con litografie originali e testi di poeti, scrittori e critici).

1947
Prima esposizione *Les Mains éblouies*, che presenta le nuove tendenze della pittura e scultura (Rezvani, Dmitrienko, Mason, Quentin). Adrien Maeght assume le edizioni fino al 1957.
Pubblicazione dei *Miroirs profonds*, il più importante quaderno della collezione *Pierre à Feu*, consacrata a Matisse e accompagnato da testi di grandi scrittori dell'epoca. Mostra *Le Surréalisme*, organizzata da Marcel Duchamp e André Breton, manifestazione importante e controversa. Pubblicazione del *Vent des épines* di Jacques Kober, illustrato da Bonnard, Braque, Matisse e del *Cahier* di Georges Braque. Prima mostra di Georges Braque.

1948
Prime esposizioni *Geer e Bram Van Velde e Joan Miró*.
Pubblicazione delle *Perspectives* di Paul Éluard, illustrate da Albert Flocon, e dell'*Album 13* di Joan Miró. Louis-Gabriel Clayeux diviene direttore della

galleria; è amico di Léger, Ubac, Bazaine, Calder, Giacometti; questi artisti fanno parte della galleria.
Mostra *L'Art abstrait* preparata da Michel Seuphor e André Farcy.

1950
Le attività editoriali acquisiscono un'importanza sempre maggiore: pubblicazione del *Parler seul* di Tristan Tzara, illustrato da Joan Miró, *Milarepa* e *Une aventure méthodique* di Pierre Reverdy, illustrati da Georges Braque. Prime mostre di *Marc Chagall*, *Alexander Calder* e *Raoul Ubac*. Marguerite e Aimé Maeght acquistano una proprietà a Saint-Paul. Ultima mostra *Les Mains éblouies* (Arnal, Alechinsky, Corneille, Youngerman, Palazuelo, Chillida...).

1951
Mostra di *Wassili Kandinsky*.
Prima mostra di *Alberto Giacometti*. L'esposizione *Tendance* è consacrata a dei giovani artisti (Germain, Pallut, Poliakoff...).

1953
In seguito ad una lunga malattia, Bernard, il figlio minore di Marguerite e Aimé Maeght muore il 25 novembre. Molto addolorati dalla sua scomparsa, si ritirano a Saint-Paul. L'affetto e la presenza degli artisti li aiutano a sormontare il loro dolore. Nasce in loro l'idea di creare a Saint-Paul un luogo d'incontro per gli artisti.

1953 - 1958
Matrimonio di Paule e Adrien, l'8 aprile 1954.
Nascita d'Isabelle (1955) e di Florence (1956), figlie di Paule e Adrien Maeght.
La galleria di Parigi presenta a quest'epoca dei nuovi artisti: Saül Steinberg (1953), Pierre Tal-Coat (1954), Pablo Palazuelo (1955), Eduardo Chillida (1956), Ellsworth Kelly (1958) e François Fiedler (1959).
Questi artisti di diverse nazionalità si ritrovano, allora, a far parte della galleria Maeght, e vi collaborano fervidamente stringendo legami d'amicizia.
Adrien Maeght lascia la galleria nel 1958 e apre una libreria-galleria al 42, rue du Bac, Paris 7e.

1959 - 1961
Aimé Maeght apre i suoi atelier di litografia e d'incisione a Levallois. Dedicherà tutta la sua vita alla creazione e diffusione di questo nuovo mezzo di conoscenza dell'arte contemporanea, di cui sarà uno dei più importanti promotori. Si consacrerà anche alla bibliofilia.
Adrien Maeght espone per la prima volta i collage di Jacques Prévert, suo amico.
Nascita di Yoyo (1959), terza figlia di Paule e Adrien Maeght.

1962 - 1963

Marguerite e Aimé Maeght finanziano la costruzione della loro Fondazione a Saint-Paul. Josep Lluis Sert ne è l'architetto.
Esposizione *Der Blaue Reiter* nel 1962.

1964

Riconosciuta di pubblica utilità, la Fondazione Maeght è inaugurata il 28 luglio da André Malraux, grande sostenitore di questo progetto. Marguerite e Aimé Maeght offrono una parte della loro collezione alla Fondazione, e continueranno ad arricchirla durante tutta la loro vita. Aimé Maeght è nominato Cavaliere della Legion d'onore.

1965

Prime serate della Fondazione. Queste serate avranno luogo ogni anno, nel mese di luglio, fino al 1970.
Gli atelier di Levallois, troppo esigui, sono trasferiti alla stamperia *Arte*, creata da Adrien Maeght, rue Daguerre, 75015 Paris.
Gli artisti hanno cosí a loro disposizione l'incisione, la litografia, la fototipia, l'offset...

1966

Primo numero dell'*Ephémère* (quaderno trimestrale di litteratura) a cura di Yves Bonnefoy, André du Bouchet, Gaëtan Picon, Michel Leiris, Louis-René des Forêts, Paul Celan, Jacques Dupin.
Mostra *L'Art vivant 1945-1955* alla Fondazione.

1967

Prime esposizioni di *Paul Rebeyrolle* e *Antoni Tàpies*.
Mostra retrospettiva di Marc Chagall alla Fondazione.
Ritrasmissione in 53 paesi, tramite Telstar, della prima emissione in mondovisione, «Notre monde», dove figura una sequenza consacrata alla Fondazione e ad un balletto di Joseph Lazzini, su una musica di Francis Miroglio.

1968

Pubblicazione del primo numero dell'*Art vivant*, rivista mensile consacrata essenzialmente alle ricerche d'avanguardia sulle arti plastiche, il cinema, la fotografia, la musica e l'architettura.
Nascita di Julien, figlio di Paule e Adrien Maeght.

1969

Aimé Maeght decide di produrre dei film consacrati agli artisti. Tra i più importanti, una serie di lungometraggi: *Les Métamorphoses du regard* d'André Malraux, coproduzione della Televisione francese.
Prima mostra di *Pol Bury*.
Esposizione *À la rencontre de Matisse*.

1970
Pubblicazione del primo volume della collezione *Monografie.*
Prima mostra di *Valerio Adami*.

1971
Pubblicazione del primo volume dell'*Art abstrait* di Michel Seuphor e Michel Ragon (5 volumi).
Pubblicazione delle *Fêtes de Prévert*, illustrate da Alexander Calder.
Esposizione di *René Char* alla Fondazione.

1973
Importante esposizione consacrata al *Musée imaginaire* d'André Malraux alla Fondazione, da lui inaugurata il 13 luglio.
Nascita della serie dei *Placards*, nei quali al testo di un poeta è associata una litografia o una serigrafia d'artista. Pubblicazione dell'*Unique* d'Hönderlin, illustrato da Bram Van Velde.

1974
Inaugurazione della galleria Maeght di Barcellona.
Organizzazione dei Momenti musicali, che presentano dei giovani solisti (Augustin Dumay, Frédéric Lodéon, Emmanuel Krivine, Michel Portal, Henri Barda, Alain Planès...)
Inaugurazione della cappella Sainte-Roseline aux Arcs (Var), la cui restaurazione è finanziata da Marguerite Maeght e dove si trovano le opere di Marc Chagall, Diego Giacometti, Raoul Ubac, Jean Bazaine...

1975
Parallelamente alla rivista *Argile*, è lanciata una collezione che porta lo stesso nome, illustrata da alcuni artisti contemporanei, al fine di sostenere dei giovani autori.
Prima mostra di *Claude Garache*.
Esposizione retrospettiva *Bonnard dans sa lumière*.
Marguerite Maeght è nominata Cavaliere della Legion d'onore.
Pubblicazione d'*Adonidès* di Jacques Prévert, illustrata da Joan Miró.
Progetto di realizzare a Parigi un centro, che raggruppi tutte le attività della galleria, delle edizioni, della Fondazione, per favorire le ricerche sulle edizioni e preservare alcuni mestieri d'arte. Questo vasto progetto di restaurazione e riabilitazione di un isolato nel quartiere Marais, non sarà realizzato a causa delle difficoltà amministrative.
Film realizzato dalla televisione francese: *Du côté de chez les Maeght*, dieci emissioni di 26 minuti ciascuna, diffuse sul terzo canale.

1976
Maeght éditeur prosegue la pubblicazione di numerose edizioni originali, litografie, acqueforti e edizioni correnti.
Prima esposizione dedicata a *Jacques Monory*.

1977
✝ Marguerite Maeght muore il 31 luglio.
Esposizione retrospettiva *Paul Klee*.
Prime mostre *Shusaku Arakawa* e *Richard Lindner*.
Pubblicazione di due libri illustrati da Marc Chagall: *Et sur la terre* d'André Malraux, *Celui qui dit les choses sans rien dire* di Louis Aragon.

1978
Prima esposizione di *Gérard Titus-Carmel*.
Esposizione retrospettiva d'*Alberto Giacometti* alla Fondazione.
Pubblicazione di *Petrificada petrificante* d'Octavio Paz, illustrata da Antoni Tàpies.

1979
Inaugurazione delle nuove sale d'esposizione, 14, rue de Téhéran, per accogliere le esperienze e ricerche di giovani artisti (Paul Rotterdam, Peter Stämpfli, Hervé Télémaque, Nigel Hall...).
Prima mostra d'*Edward Kienholz*.

1980
Prima esposizione di *Konrad Klapheck*.
Esposizione retrospettiva di *Georges Braque*.

1981
Prima mostra di *Pierre Alechinsky*, *Isamu Noguchi* e *Takis*.
Retrospettiva *La Sculpture du XXe siècle: 1900-1945* alla Fondazione.
✝ Aimé Maeght si spegne il 5 settembre.

Cronologia dei lavori della Fondazione Maeght

1953

- Marguerite e Aimé Maeght decidono di creare un luogo d'incontro per gli artisti a Saint-Paul.

1956

- Aimé Maeght visita l'atelier di Joan Miró a Palma di Maiorca, costruito dal 1955 al 1956 da Josep-Lluis Sert.
  Decide allora di scegliere Josep-Lluis Sert come architetto della Fondazione.

1957

- 3 giugno: Aimé Maeght invia una lettera a Josep-Lluis Sert, chiedendogli d'essere l'architetto del suo museo.
- 10 giugno: risposta favorevole di Josep-Lluis Sert, entusiasta del progetto. Inizio di una corrispondenza tra i due uomini.
- Dicembre: viaggio d'Aimé Maeght negli Stati-Uniti, dove incontra Josep-Lluis Sert.

1958

- 2 febbraio: Josep-Lluis Sert prepara i primi abbozzi.
- Luglio: visita di Josep-Lluis Sert a Saint-Paul.
- 10 novembre: primo progetto dell'edificio.
- 2 dicembre: secondo progetto dell'edificio.

1959

- 6 giugno: domanda della licenza di costruzione.
- Luglio: primi plastici della Fondazione.
- 15-23 luglio: viaggio di Josep-Lluis Sert in Francia, a Saint-Paul.
- 14 agosto: licenza di costruzione accordata: n° 21 472.
- 7 ottobre: lo studio d'Emmanuel Bellini è incaricato dell'esecuzione del progetto.

1960

- 5 gennaio: Eugène Lizero e Emmanuel Bellini sono nominati architetti dell'operazione.
- 11 marzo: pianta definitiva del museo.
- 2 giugno: pianta definitiva della cappella.
- 21 giugno: seconda serie di piante della Casa del Direttore.
- 15 luglio: preventivo dei lavori di sterro e di rustico.
- 5 settembre: inizio dei lavori.
- 22 ottobre: fondamenta delle sale del museo.
- 20 novembre: fondamenta del museo completamente terminate.
- 22 dicembre: modificazione della planimetria (armatura e apparecchiatura della cappella).

1961

- 26 aprile: pianta della casa del custode.
- Luglio: viaggio di Josep-Lluis Sert in Francia; lavora con gli artisti e particolarmente con Joan Miró.
- Agosto: cattedrale di legno per costruire le mezzelune della sala detta del «Comune».
- 22 settembre: terza serie di planimetrie della Casa del Direttore.
- Finizione dei due grandi monitor ricoperti di ''cocoon''.
  Problemi inerenti al riscaldamento.
- 1° dicembre: sterro quasi terminato del labirinto.

1962

- 1° al 5 gennaio: viaggio de Huson Jackson, socio di Sert, a Saint-Paul.
- Febbraio: viaggio d'Aimé Maeght negli Stati-Uniti.
- 1° giugno: ''claustra'' della sala detta del «Comune» terminate.
- 19 giugno: pulitura del cantiere; installazione delle rotaie per l'illuminazione elettrica.
- 7 al 22 luglio: Aimé Maeght, Josep-Lluis Sert, Joan Miró sono a Saint-Paul.
- 12 luglio: pittura del museo e della Casa del direttore; illuminazione elettrica interna e esterna.
- Luglio: installazione dei modelli delle sculture di Joan Miró nel labirinto.
- 24 agosto: Josep-Lluis Sert è di nuovo a Saint-Paul.
- 25 ottobre: la Casa del direttore è terminata.
- Sistema di riciclaggio dell'acqua terminato; ultimazione dei lavori d'elettricità.

1963

- 16 al 23 febbraio: viaggio di Josep-Lluis Sert a Saint-Paul.
- 9 agosto: distinta definitiva dei lavori.
- 22 ottobre: necessità di rifare tutti gli stucchi. Posa della vetrata con la *Via Crucis* di Raoul Ubac.
- Novembre: sculture del labirinto terminate.
- Ronald Gourley lascia l'agenzia che si chiamerà «Sert, Jackson e Associati».

1964

- 15 maggio: donazione alla Fondazione d'opere e di denaro di Marguerite e Aimé Maeght, davanti al notaio.
- I primi di luglio: Josep-Lluis Sert è a Saint-Paul, verifica degli ultimi dettagli.
- 18 luglio: riconoscimento di pubblica utilità.
- 28 luglio: il ministro dei Beni Culturali, André Malraux, inaugura la Fondazione Marguerite e Aimé Maeght.

Gli artefici della Fondazione

Architetto progettista: Josep Lluis Sert, assistito da Huson Jackson e Ronald Gourley, Cambridge, Stati-Uniti.

Architetti operativi: Emmanuel Bellini e Eugène Lizero, Cannes.

Le ceramiche monumentali di Joan Miró sono state realizzate da Josep Llorens Artigas e Joan Gardy Artigas, a Gallifa, in Spagna.

I mosaici di Georges Braque, Marc Chagall e Pierre Tal-Coat sono stati realizzati da Lino Melano.

Le vetrate di Georges Braque e di Raoul Ubac sono state realizzate da Charles Marcq e dagli Atelier Simon a Reims.

I mobili di bronzo, lampadari, sedili e le maniglie delle porte sono state create da Diego Giacometti a Parigi.

La Fourche di Joan Miró è stata fusa negli Stabilimenti Susse, a Parigi, e la freccia è stata forgiata dall'Atelier Demarquoy, a Antibes.

Le Grand Arc di Joan Miró è stato realizzato da M. Venturi negli Stabilimenti Triverio a Nizza.

I giardini sono stati realizzati da Fish, Vallauris, sulla direzione d'Albert Varey, capogiardiniere della Fondazione.

Principali donazioni alla Fondazione Maeght

OPERE DONATE DAGLI ARTISTI

VALERIO ADAMI

• *Sigmund Freud in Viaggio verso Londra,* 1973
Pittura acrilica su tela
130 × 97 cm

• *Dessin,* 1979
Terra d'ombra, caseina, pastello e matita
187 × 142 cm
(Dono del 1979)

• *Dessin,* 1979
Terra di Siena, caseina, pastello e matita
192 × 142 cm
(Dono del 1979)

JOSEP LLORENS ARTIGAS E JOAN MIRÓ

• 9 ceramiche
Cf. Miró

POL BURY

• *Quatre-vingt-deux cordes verticales et leurs cylindres,* 1973
Legno e nylon
310 × 150 × 67,5 cm
(Dono del 1974)

• *Senza titolo*, 1978
11 inchiostri di china
(Dono del 1978)

• *Fontaine,* 1978
Acciaio inossidabile
230 × 410 × 270 cm
(Dono del 1978)

ALEXANDER CALDER

• *Une boule noire, une boule blanche,* 1930
Mobile
Altezza: 242 cm
(Dono dell'artista e di M. e A. Maeght, 1973)

• *Ten Restless Disks,* 1933
Stabile-mobile
400 × 300 cm
(Dono dell'artista e di M. e A. Maeght, 1973)

• *Éléphant,* 1930-1944
Bronzo
Altezza: 14,5 cm
(Dono dell'artista e di M. e A. Maeght, 1973)

• *Danseuse,* 1930-1944
Bronzo
Altezza: 68,5 cm
(Dono dell'artista e di M. et A. Maeght, 1973)

• *Chat,* 1930-1944
Bronzo
Altezza: 13 cm
(Dono dell'artista
e di M. e A. Maeght, 1973)

• *Haltérophile,* 1930-1944
Bronzo
Altezza: 21 cm
(Dono dell'artista
e di M. e A. Maeght, 1973)

• *Étoile de mer,* 1930-1967
Bronzo
Altezza: 63 cm
(Dono dell'artista
e di M. e A. Maeght, 1973)

• *Cheval II*, 1930-1944
Bronzo
Altezza: 10 cm
(Dono dell'artista
e di M. e A. Maeght, 1973)

• *Acrobates*, 1930-1944
Bronzo
Altezza: 51,5 cm
(Dono dell'artista
e di M. e A. Maeght, 1973)

• *Empennage*, 1954
Stabile-mobile
150 × 240 cm
(Dono dell'artista, 1968)

• *Trois Soleils jaunes*, 1965
Mobile
233 × 100 cm
(Dono dell'artista
e di M. e A. Maeght, 1973)

ALAIN DAVIE

• *The Horse that has Visions of Immortality n° 1,* 1963
Olio su tela
210 × 170 cm
(Dono del 1967)

HÉLÈNE DELPRAT

• *Senza titolo,* 1989
Acrilico su tela
200 × 200 cm
(Dono del 1989)

MARCO DEL RE

• *La muse qui m'amuse,* 1991
Olio e combustione su legno
3 × 250 × 150 cm
(Dono del 1991)

PIERRE DMITRIENKO

• *Il Fuerte O*, 1967-1968
Olio su tela
196 × 132 cm

EUGÈNE DODEIGNE

• *Le Pot de Fer*, 1965
Carboncino su carta
110 × 77,5 cm

CHRISTIAN DOTREMONT

• 6 disegni
Matita colorata su carta
27 × 21 cm
(Dono del 1978)

PIERRE FAUCHER

• *La Selva,* 1990
Acrilico e inchiostro su tela
200 × 200 cm
(Dono del 1990)

FRANCOIS FIEDLER

• *Peinture*, 1965
Olio su tela
196 × 132 cm
(Dono del 1967)

JEAN-MICHEL FOLON

• *Rake's Progress,* 1980
Inchiostro di china su carta
54,5 × 84,5 cm

LARS FREDRIKSON

• *Structure dynamique*, 1969
Tecnica mista
151 × 102 cm
(Dono del 1978)

• *Incurve IV*, 1971
Acciaio inossidabile e plexiglas
100 × 175 cm
(Dono del 1972)

JOAN GARDY-ARTIGAS

• *Senza titolo*
Scultura d'epossido
200 × 50 × 50 cm

GÉRARD GASIOROWSKI

• *Pot de fleurs 29-30*, 1975
Acrilico su carta
71 × 61 cm
(Dono del 1985)

LIONEL GODART

• *Feux nocturnes*
Carboncino, spray e inchiostro di china su tela
102,5 × 89 cm
(Dono del 1980)

ROBERTA GONZALES

• Insieme di 45 disegni
(Dono del 1972)

• *Le Jugement de Pâris*, 1952
Olio su tela
146 × 97 cm
(Dono del 1972)

• *Les Flèches n° 2*, 1968
Olio su tela
114 × 146 cm
(Dono del 1972)

• *La Fenêtre était grande ouverte n° 1*, 1970
Olio su tela
114 × 146 cm
(Dono del 1972)

HANS HARTUNG

• *T. 1971 - H. 13*, 1971
Pittura acrilica su tela
154 × 250 cm
(Dono del 1980)

• *P. 10 - 1980 - H. 8*, 1980
Carboncino su carta incollata su cartone
51,4 × 36,3 cm
(Dono del 1980)

• *P. 25 - 1980 - H. 5*, 1980
Matita grassa e carboncino su carta incollata su cartone
56,6 × 76,8 cm
(Dono del 1980)

BARBARA HEPWORTH

• *Figure (Walnut)*, 1964
Bronzo
Altezza: 181 cm
(Dono del 1967)

ALEXANDER ISRATI

• *Peinture*, 1974
Olio su tela
200 × 180 cm
(Dono del 1977)

AKI KURODA

• *Weeping through the light,* 1991
Acrilico su tela
270 × 160 cm
(Dono del 1991)

DOMINIQUE LABAUVIE

• *Flying Saucer II*, 1991
Carboncino du carta
102,5 × 153 cm
(Dono del 1991)

LADISLAS KIJNO

• *Tic, Tac, Dou,* 1965
Olio su tela
195 × 153 cm
(Dono del 1967)

NORBERT KRICKE

• Scultura spaziale: *Grosse Fliessende*, 1965
Acciaio inossidabile
105 × 502 × 315 cm
(Dono del 1967)

ALAIN LE YAOUANC

• *E. E. M.*, 1966
Collage e guazzo su carta rinforzata, incollata su legno
80 × 80 cm
(Dono del 1968)

• *Masse dôme*, 1967
Montaggio su legno
126 × 100 cm
(Dono del 1968)

ANNE MADDEN

• *Alignement*, 1972
Acrilico su tela
2 volte 162 × 228 cm

JEAN MESSAGIER

• *Une chaleur*, 1976
Olio su tela
230 × 191 cm
(Dono del 1977)

HENRI MICHAUX
e la galleria Le Point Cardinal

• *Senza titolo*, 1974
Inchiostro di china e inchiostro colorato su carta
51,5 × 65,5 cm
(Dono del 1976)

• *Senza titolo*, 1975
Inchiostro di china e inchiostro colorato su carta
57 × 75 cm
(Dono del 1976)

JOAN MIRÓ

• *Femme et oiseau I*, 1964
Olio su tela
199 × 199 cm

• *Femme et oiseau II*, 1964
Olio su tela
199 × 199 cm

• *Naissance du jour I*, 1964
Olio su tela
146 × 113,5 cm

• *Naissance du jour II*, 1964
Olio su tela
162 × 130 cm

• *Naissance du jour III*, 1964
Olio su tela
162 × 130 cm

• *Vol d'oiseau à la première étincelle de l'aube*, 1964
Olio su tela
162 × 130 cm

• *Femme oiseau*, 1964
Olio su tela
162 × 130 cm

• *Le Chant de la prairie*, 1964
Olio su tela
193,5 × 130 cm

• Insieme di 73 disegni
(Dono del 1979)

• *Oiseau solaire*, 1968
Marmo di Carrara
158 × 240 × 137 cm
(Dono dell'artista
e di M. e A. Maeght, 1968)

• *Oiseau lunaire*, 1968
Marmo di Carrara
300 × 260 × 120 cm
(Dono dell'artista
e di M. e A. Maeght, 1968)

• *Oiseau*, 1968
Ferro forgiato
130 × 182 × 128 cm
(Dono dell'artista
e di M. e A. Maeght, 1968)

• *Femme à la chevelure défaite*, 1968
Marmo di Carrara
210 × 150 × 90 cm
(Dono dell'artista
e di M. e A. Maeght, 1968)

• *Vitrail I et II*, 1979
Realizzati dagli Atelier Simon-Charles Marcq, Reims
200 × 360 cm
(Dono dell'artista
e di M. e A. Maeght, 1980)

• *Tapisserie*, 1980
270 × 480 cm
(Dono del 1981)

• *8 modelli dell'arco della Fondazione*, 1963
Ceramica

• *Tête de taureau*, 1970
Ceramica

• *Plaques murales*, 1963
Torre della Fondazione Maeght
Ceramica

• *Gargouille*, 1964
Ceramica
90 × 40 × 50 cm
(Dono dell'artista, Josep
Llorens Artigas e
M. e A. Maeght, 1968)

• *Gargouille*, 1968
Ceramica
95 × 40 × 50 cm
(Dono dell'artista, di Josep Llorens Artigas e M. e A. Maeght, 1968)

• *Céramique ronde (Cadran solaire)*, 1973
Diametro: 310 cm
(Dono dell'artista, di Josep Llorens Artigas e M. e A. Maeght, 1973)

• *Mur de la Fondation Maeght*, 1968
Ceramica
1240 × 200 cm
(Dono dell'artista, di Josep Llorens Artigas e M. e A. Maeght, 1973)

• *Personnage*, 1968
Ceramica
100 × 50 × 60 cm

• *Personnage*, 1968
Ceramica
90 × 30 cm

• *Personnage* (totem), 1968
Ceramica e ferro
550 × 80 cm

• *Insieme di 70 guazzi*

JOAN MITCHELL

• *Mon paysage*, 1967
Olio su tela
260 × 180 cm
(Dono del 1980)

JACQUES MONORY

• *Pompeï*, 1971
Acrilico su tela
3 × 195 × 130 cm
(Dono del 1977)

GÉRARD TITUS-CARMEL

• *Neuf Constructions éphémères*, 1980
Grafite (nero di piombo) e sanguigna su carta
121 × 80 cm
(dono del 1980)

RAOUL UBAC

• *8 carboncini*, 1977
200 × 50 cm
(Dono del 1978)

BRAM VAN VELDE

• *Senza titolo*, 1963
Guazzo
120 × 125 cm
(Dono del 1973)

VLADIMIR VELICKOVIC

• *Exit figure IX*, 1980
Olio su tela
200 × 140 cm
(Dono del 1980)

CLAUDE VISEUX

• *Un prédateur*, 1965
Acciaio inossidabile
105 × 245 cm
(Dono dell'artista e della galleria Le Point Cardinal, 1967)

ALTRE DONAZIONI

Mme Arp

JEAN ARP

• *Pépin géant,* 1937-1966
Bronzo levigato
162 × 127 × 77 cm

Comité Reverdy

FRANCESCO DOMINGO

• *Portait de Reverdy,* 1923
Carboncino su carta
36,8 × 29,2 cm

• *Portrait de Reverdy,* 1923
Matita su carta
47 × 31,5 cm

État Bulgare

ENTCHOV PIRONKOV

• *Senza titolo*
Olio su tela
120 × 59,5 cm
(Dono del 1966)

Galerie de France

CHRITIAN DOTREMONT

• *Journée détournée du temps,* 1974
Inchiostro di china su carta
55,4 × 76,2 cm

• *Pas un logogramme de bon sens,* 1974
Inchiostro di china su carta
76,2 × 55,4 cm

Galerie Le Dessin

FRANÇOIS MARTIN

• *Fin de repas,* 1974
Inchiostro di china su carta velina
64,6 × 48,8 cm

Galerie Le Point Cardinal

Cf. Donazioni artisti,
Henri Michaux

Mme Gonzales

JOAN GONZALES

• Insieme di 40 pastelli, guazzi, carbonicini e acquerelli
(Dono del 1972)

JULIO GONZALES

• Insieme di 50 pastelli, guazzi, carboncini e acquerelli
(Dono del 1972)

• *Personnage debout*, 1932 -1935
Ferro
128 × 69 cm

• *Ritratto della poetessa Jean de Neyreïs,* 1914-1918
Bronzo
21,5 × 20 × 12 cm
(Dono del 1972)

• *Daphné*, 1930-1936
Bronzo
142 × 70 × 35 cm
(Dono del 1972)

HANS HARTUNG

• *T. 51-9*, 1951
Olio su tela
97 × 146 cm
(Dono del 1972)

Michel Guy

BRAM VAN VELDE

• *Composizione astratta*, 1938
Olio su tela
147 × 1,134 cm

• *Composizione astratta*, 1954
Olio su carta
186 × 148 cm

• *Composizione astratta*, 1957
Guazzo
137 × 148,5 cm

• *Composizione astratta*, 1966
Olio su tela
193 × 127,5 cm

Mme Kandinsky

WASSILI KANDINSKY

• *Le Nœud rouge*, 1936
Olio su tela
89 × 116 cm
(Dono del 1966)

M. Maurice Lefèvre-Foinet

JACQUES VILLON

• *Luxembourg : étude*, 1935
Inchiostro di china e matita su carta
31,5 × 44,7 cm

CLAIRE FALKENSTEIN

• *Points*, 1965
Metallo saldato
150 × 95 × 65 cm
(Dono del 1968)

RUTH FRANKEN

• *Téléphone V*, 1967
Acciaio inossidabile, alluminio, vetro, apparecchi elettronici
30 × 30 × 30 cm
(Dono del 1968)

ALBERTO GIACOMETTI

• *Figures*, 1963
Catalogo accompagnato da disegni. Grafite e penna a sfera su carta
22 × 37 cm
(Dono del 1976)

FERNAND LÉGER

• *Céramique*, 1953
100 × 195 cm
(Dono del 1976)

HENRI MATISSE

• *Ritratto di Fabiani*, 1943
Matita su carta
53 × 40,6 cm
(Dono del 1980)

Mme Léger

FERNAND LÉGER

• *Sculpture*
Bronzo
42 × 35 cm
(Dono del 1972)

• *Paysage aux oiseaux*, 1954
Guazzo su carta
49 × 76 cm

• *Halles*, 1965
Disegno a inchiostro di china su carta
42 × 82 cm

Mme Tàpies

ANTONI TÀPIES

• *Charnière*, 1977
Impronte, matita e materia su carta
36,5 × 50,5 cm

• *Épingle à nourrice*, 1977
Matita e collage su carta
37,5 × 50,5 cm

• *Flacon*, 1979
Matita, acrilico e gessetto su carta
36 × 50,8 cm

Mme Reverdy

JUAN GRIS

• *Ritratto di Pierre Reverdy*, 1918
Matita su cartoncino
60 × 40,5 cm
(Dono del 1975)

Mme de Wendel

LUIS FERNANDEZ

• *Nature morte*
Matita e inchiostro di china su carta
50 × 64,4 cm

M. Lauren Steingrim

JEAN GROTH

• *Dessin*, 1975
Inchiostro di china su carta
87 × 60 cm
(Dono del 1975)

Mme Ossip Zadkine e Mme Susse

OSSIP ZADKINE

• *Statue pour un jardin*, 1958
Bronzo n° 2/6
253 × 112 × 57 cm

Statuti della Fondazione

La Fondazione Marguerite e Aimé Maeght è una vera fondazione. Infatti non dipende dall'amministrazione dei Musei Nazionali e non riceve alcuna sovvenzione dallo Stato, ma è stata completamente finanziata da Marguerite e Aimé Maeght. Il suo statuto, stabilito dalla giurisprudenza del Consiglio di Stato, permette ai fondatori di creare, mentre sono in vita, una persona morale autonoma alla quale sono legati, con atto notarile, tutti i beni mobili e immobili, che essa deve gestire nell'interesse generale.

La Fondazione, la cui durata è illimitata, ha per scopo di ricevere, acquisire, restaurare, conservare e esporre al pubblico delle opere d'arte. Offre anche agli artisti la possibilità d'incontrarsi e di lavorare in comune. Gli statuti stipulano che la Fondazione deve servire come luogo di conferenze, rassegne, concerti, proiezioni cinematografiche e accogliere tutte le manifestazioni artistiche e culturali. È diretta da un Consiglio d'Amministrazione — presieduto, dal 5 settembre 1981 alla morte di suo padre, da Adrien Maeght — che deve rappresentare la Fondazione in tutti i suoi atti di vita pubblica. È composta di undici membri benevoli — nominati per nove anni e rinnovabili per terzi ogni tre anni — designati dai fondatori, e dei membri che rappresentano i ministeri degli Interni e dei Beni Culturali.

Tutte le decisioni del Consiglio d'Amministrazione, soprattutto concernenti le alienazioni, il bilancio annuale, l'accettazione delle donazioni o dei lasciti devono essere approvati dai ministeri di tutela. Il direttore della Fondazione esegue le decisioni prese dal Consiglio e cura l'organizzazione delle diverse manifestazioni.

Il Consiglio d'Amministrazione della Fondazione favorisce e incoraggia anche un'associazione di membri volontari, l'*Association des Amis de la Fondation Maeght*, che contribuisce all'arricchimento della collezione permanente.

La Fondazione è stata costruita su un terreno appartenente a Marguerite e Aimé Maeght, i quali hanno stipulato un affitto enfiteutico. Dopo la morte di Marguerite Maeght nel 1977, Adrien Maeght, erede del terreno e dell'edilizia, ha trasformato il contratto d'affitto in donazione.

Durante molti anni e quando si è rivelato necessario, Marguerite e Aimé Maeght hanno aiutato finanziariamente la Fondazione. Il bilancio annuale è stato equilibrato a poco a poco e il deficit colmato nel 1983.

La completa autonomia finanziaria della Fondazione permette d'assicurarne il funzionamento e le esposizioni. Essa accoglie più di 250 000 visitatori l'anno. Tutte le opere acquisite o donate fanno parte del patrimonio della Fondazione e sono inalienabili, allo stesso titolo che gli edifici e il terreno dove è situata.

Le cifre della Fondazione

- La Fondazione si trova a 800 metri da Saint-Paul, 12 km dall'areoporto di Nice-Côte d'Azur, 35 km da Cannes, 80 km dall'Italia e 980 km da Parigi.
- Superficie del terreno : 10 640 m^2.
- Superficie delle sale : 860 m^2.
- Superficie del cortile Giacometti : 450 m^2.
- Numero dei visitatori dall'apertura della Fondazione: 5 380 000 di cui 109 690 per l'esposizione Malraux nel 1973, 119 000 per la mostra Chagall nel 1984 e 146 400 per *L'Œuvre ultime* nel 1989.
- La fondazione ha organizzato 105 esposizioni dall'aprile 1966 fino all'novembre 2003.
- La Fondazione ha pubblicato 98 cataloghi.
- Appartengono alla Fondazione più di 1 500 opere uniche, tra cui 150 sculture e 70 disegni di Miró, 35 sculture di Giacometti.
- Alla Fondazione appartengono più di 6 500 incisioni.
- La biblioteca possiede più di 16 000 volumi.
- Le creazioni musicali sono più di un centinaio.
- Il Consiglio d'Amministrazione è composto di 11 membri, tra cui 8 volontari designati dai fondatori e 3 rappresentanti dei ministeri di tutela (degli Interni e dei Beni Culturali).
- Nel 2002 la Società degli Amici della Fondazione Maeght conta 2 500 membri.

La Società degli Amici della Fondazione Maeght

La Società degli Amici della Fondazione Maeght, associazione regolamentata dalla Legge 1901, conta 2500 aderenti, ai quali essa propone diverse attività: conferenze, viaggi culturali, visite commentate delle esposizioni, delle riduzioni in libreria (sulle pubblicazioni delle Edizioni della Fondazione Maeght), dei prestiti in biblioteca, degli invii d'affiche e cataloghi.

Membri attivi: 55 € - Coppia: 80 € - Studenti: 25 €
Membre, sotenitore: 125 € - Membre, benefattore: 250 €

Le iscrizioni si ricevono alla Fondazione Maeght:
Société des Amis, 06570 Saint-Paul
Telefono: 04.93.32.81.63 - Fax: 04.93.32.53.22
contact@fondation-maeght.com

Il Comitato Pierre Reverdy

Tenendo conto dei legami che univano Pierre Reverdy a Marguerite e Aimé Maeght, dopo l'esposizione del 1970 consacrata al poeta, Mme Pierre Reverdy ha offerto, il 18 giugno 1974, alla Fondazione Maeght la piena proprietà dell'opera letteraria di suo marito. Un tale gesto di generosità ha pochi esempi nella storia letteraria. L'atto stipula che un Comitato Pierre Reverdy (presieduto all'origine da Marguerite Maeght e oggi da François Chapon) esercita la gestione morale, intellettuale e materiale di questa donazione. È stata cosí curata l'edizione completa delle opere. Il rispetto delle intenzioni dell'autore presiede a ogni iniziativa che rievoca la sua memoria. Le collezioni della Fondazione presentano una sua raccolta di documenti, manoscritti, libri e ritratti.

Guida della Fondazione Marguerite e Aimé Maeght

Autori: Cati Chambon, Yoyo Maeght.

Ricerca fotografica: Colette Robin.
Archivio : Fondation Maeght.
Direzione artistica: Pierre Simonneau e Andréane Burgat-Ruffin.

Fondation Maeght
06570 Saint-Paul
Telefono: 04.93.32.81.63 - Fax: 04.93.32.53.22
Aperta tutti i giorni, compresa la domenica e i giorni festivi
1° ottobre - 30 giugno: 10 h/12 h 30 - 14 h 30/18 h
1° luglio - 30 settembre: 10 h/19 h senza interruzione
Parcheggio - Bar

www.maeght.com

Indice

Introduzione 5

Marguerite e Aimé Maeght 7

Origine del progetto 27
- *Pianta della Fondazione* 34

La costruzione della Fondazione 37

Visita della Fondazione 59
- *Il giardino* 61
- *Il labirinto di Miró* 77
- *Il cortile Giacometti* 91
- *Lo spazio interno* 96

Le mostre della Fondazione 105
- *Lista delle esposizioni* 125

Le serate della Fondazione 131

I film d'arte 149
- *Lista dei film* 152

Album della Fondazione 155

Appendici 181
- *Marguerite e Aimé Maeght. cenni biografici* 183
- *Cronologia dei lavori della Fondazione* 189
- *Gli artefici della Fondazione* 192
- *Le principali donazioni alla Fondazione* 193
- *Gli statuti della Fondazione* 202
- *Le cifre della Fondazione* 204
- *La Società degli Amici della Fondazione* 205
- *Il Comitato Pierre Reverdy* 205

FOTOGRAFIE:

Oscar Bailey, Y. Coatsaliou, Pascal Faligot, Fondation Maeght, Galerie Adrien Maeght, Claude Gaspari, Claude Germain, Jacques Gomot, Paul Guglielmo, Rolf Hegi, Image Art, Mariette Lachaud, Aimé Maeght, Marguerite Maeght, Léo Mirkine, Jack Nisberg, A. Ostier, Photo Serge, Jacques Robert, Michel N'Guyen, Étienne-Bertrand Weill.

Traduzione dal francese di Margherita Malara

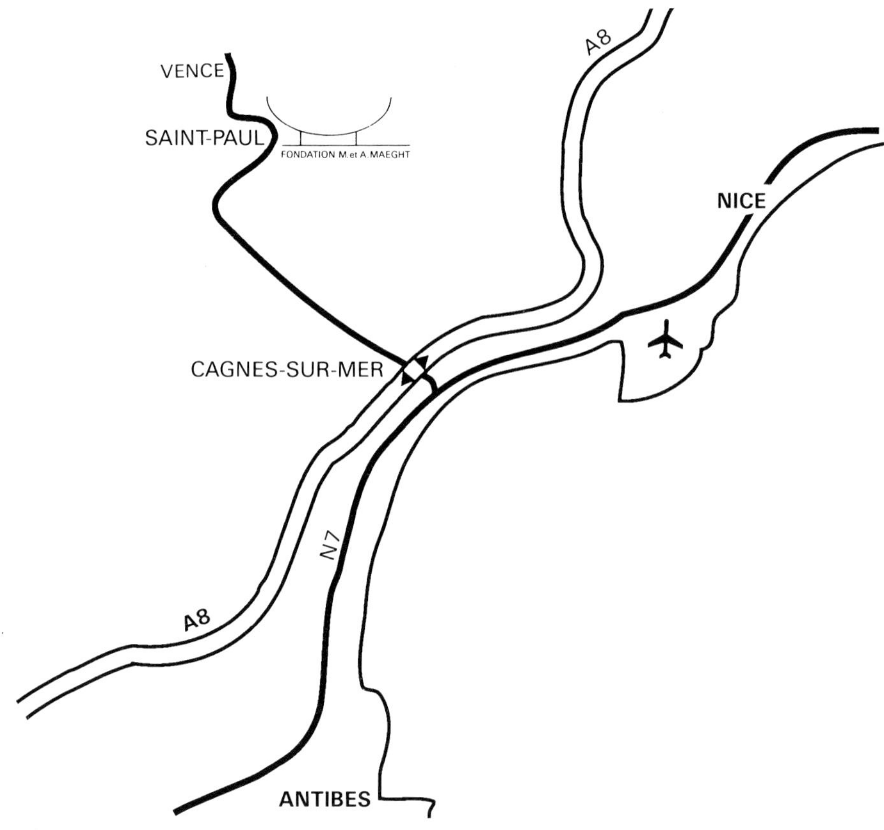

FINITO DI STAMPARE
NELL'IMPRIMERIE ARTE ADRIEN MAEGHT
IL 20 GIUGNO 2003
ISBN ITALIANO: 2-86941-222-3
ISBN TEDESCO: 2-86941-220-7
ISBN INGLESE: 2-86941-221-5
ISBN FRANCESE: 2-86941-115-4